KB080236

인간이 되는 기술

영혼의 고귀함, 진정한 인간이 되는 경이로움에 관한 고찰

Mens worden is een kunst / Becoming Human Is an Art

Copyright © Rob Riemen, 2023
All rights reserved.

Korean translation rights arranged with Rob Riemen through Linwood Messina Literary Agency and CHEXXA Literary Agency.

이 책의 한국어판 저작권은 책사 에이전시를 통한 저작권사와의 독점 계약으로 힘찬북스가 소유합니다.
저작권법에 의하여 한국 내에서 보호를 받는 저작물이므로 무단전재와 무단복제를 금합니다.

목차

homme

人間

me

art

de frie kunster

homme

人間

ho

art
die Kunst

de frie kunster

ko

homme

人間

homem

art
die Kunst

de frie kunster

konst

homme

human

hombre
homem

die Kunst

藝術

sztuki
human

hombre

menneske

arte

sztuki
human

bre

menneske

arte

sztuki
human

서문

Becoming Human Is an Art

1장

오래전, 정확히는 서기 8년에 아우구스투스 황제는 시인 오비디우스를 로마에서 추방해 제국에서 가장 멀리 떨어진 흑해의 춥고, 황량한 토미스로 보냈다. 오비디우스는 모든 걸 빼앗겼다. 사랑하는 아내와 아이들, 친구들, 심지어 책까지 모두 두고 가야 했다. 아우구스투스 황제의 명령은 곧 그의 운명이 되었다. 그가 추방된 곳에는 모국어인 라틴어를 말하는 이는 아무도 없었으며, 함께 지내는 마을 사람들의 말이 상스럽게 지껄이는 것처럼 들릴 때면 그의 외로움은 더욱 커졌다.

50세의 오비디우스가 황제에게 무슨 짓을 했길래 그토록 잔인한 운명을 맞은 것일까? 시민들과 원로원은 그의 시를 사랑했으며, 위대한 시인 베르길리우스와 호라티우스를 잇는 훌륭한 계승자로서 계관 시인이라는 칭호도 받았는데, 어째서 그가 사랑하는 로마에서 추방되어 그 누구도 자진해서 방문하지 않을 곳에 가게 된 것인가? 지구상 최고의 권력을 지닌 인물이자 신으로 숭배되었던 황제를 모욕했던 것은 아닌가? 혹은 자유주의적 정신을 가진 시인이 에로티시즘에 대한 시적 찬가로 명성을 얻자, 70세의 나이 든 황제가 전파하던 금욕주의적 도덕에 대한 위협으로 여겨 그를 로마에서 눈에 띄지 않을 곳으로 보낸 것인가? 그것은 아무도 알지 못한다.

시인 역시도 언젠가 다시 황제의 은총을 받기를 소망하며 침묵했다. 하지만 그런 일은 없었다. 그는 로마와 사랑하는 아내에게서 멀리 떨어진 곳에서 기원후 17년에 세상을 떠났다. 고독 속에서 간 것은 아니다! 그는 추방되고 얼마 지나지 않아 시를 쓰며 자신의 영혼과 소명에 충실하게 외로움과의 투쟁을 시작했다. 그가 전하는 《비가Tristia》에는 우울한 기억과 자신의 운명에 대한 애도, 인생에서 얻은 교훈, 아내와 신의 있는 친구들에게 부치는 서정시, 격려의 말들로 가득하다. 그의 책은 사람들에게 새로운 생명을 불어넣는 시의 신비로운 힘을 잘 보여 준다.

《비가》의 창작 작업은 그의 정신이 우울과 절망의 웅덩이에 빠지지 않았으며, 외로움을 딛고 다시 인간으로 거듭날 수 있을 만큼 단단하다는 사실을 전하는 선율 있는 증거이기도 하다. 그는 시 〈페릴라에게〉에서 다음과 같이 썼다.

그렇소, 우리에게 영원한 것은 없소,
마음과 정신의 유익을 제외하고는.

나를 데려가시오, 나는 내 나라와 집, 당신을 그리워할 겁니다,

나의 모든 걸 빼앗겼으니.

하지만 내 재능은 자유롭게 쓸 수 있소,

카이사르는 그럴 권리가 없기 때문이오.

오비디우스는 추방된 곳에서 쓴 것이 자신의 걸작이 될 것임을 알았다. 이 책은 수 세기 동안 자신처럼 추방된 이들과 망명자, 외로운 사람들에게 등불이 될 것이며, 그의 시는 그 어떤 일에도 스스로를 살아갈 가치가 있는 존재로 만드는 데 필요한 생명력을 주는 운명의 동반자가 될 것이었다.

바로 그것이 그의 가장 큰 관심사이기도 했다. 기원후 12년에 로마에서 세상에 내놓은, 운명을 알 수도 없고 망가지기 쉬운 원고는 어떻게 될 것인가? 그의 바람처럼 독자들에게 닿을 수 있을까? 독자들은 이 시를 기억했다가 후대에 물려줄까? 얼마나 많은 귀중한 작품이 파괴되었으며, 약탈과 화재로 영원히 사라졌던가. 그래서 오비디우스는 눈물을 흘리며 'Vale liber, vale!(책아 가라, 가!)'라는 말과 함께 《비가》의 원고를 멀리 로마로 보냈다. 그의 작별 인사는 이런 뜻이었다.

'이번 여행도 잘하기를 바란다. 너의 운명은 시공간을 초월하는 끝없는 여행이 되었으면 하는구나. 내 영혼은 네 안에 살아 있을 것이며, 내 운명을 알고자 하는 누구에게나 영원히 말을 전할 수 있을 테니.'

2,000년 후, 오비디우스가 서사시 『변신』에서 글을 마치며 한 예언이 실현되었다.

'만약 시인들의 말에 진실이 있다면, 나는 영원히 영광스럽게 살 것이라는 말이다.'

오비디우스는 지금도 우리에게 영향을 미친다. 하지만, 손짓 하나만으로 신민의 운명을 결정할 수 있었던 제국의 통치자 아우구스투스 황제는 유럽 역사라는 무대에서 이미 오래전에 사라졌으며, 한때 강력했던 그의 제국은 시간의 흐름에 무너졌다.

2장

인생의 우여곡절을 피할 수 있는 이는 누구인가? 그런 사람은 없다. 인생이라는 운명은 태어날 때부터 정해져 있으니, 우리에게 일어나지 않을 일은 없다.

건강하게 늙어가는 사람이 있는가 하면, 병에 걸려 젊어서 죽는 사람이 있다. 어떤 아이는 어릴 때 부모를 잃기도 하며, 부모가 아이를 잃기도 한다. 전례 없는 번영을 누리며 평탄했던 때 갑자기 재난이 찾아오기도 한다. 때로는 행운이 미소를 짓기도 하고, 불행이 우리 목을 움켜쥘 때도 있다. 그럴 때면 우리는 궁금해진다. 왜? 이번엔 또 뭘까? 그 질문은 우리 앞에 항상 있지만, 여전히 그 답을 모르며, 앞으로도 모를 것이다.

인간이 되는 것은 기술이다. 학문이 아니다. 학문이었다면 확립된 정의나 입증된 이론, 명쾌한 답, 삶의 프로토콜이나 매뉴얼 같은 게 있을 것이다. 하지만 그런 것은 없으며, 그래 보이는 건 속임수일 뿐이다.

인간이 되는 것은 기술이다. 우리 존재에 내재된 모든 욕망과 불확실함, 의심, 두려움, 실패를 품은 개개인이 자신의 것으로 만들어야 하는 것이다.

황제든 추방됐든, 부유한 집안에서 태어났든 가난하게 태어났든, 누구나 어느 순간 거울 속 자신을 바라보다 이런 질문과 마주한다. '나는 누구인가? 난 살면서 무엇을 하고 있는가? 이것이 내가 이 땅에 존재하는 이유인가, 아니면 삶을 바꿔야 할까?'

다윗왕은 2,000여 년 전에 다음의 사실을 알고 있었다.

우리의 연수가 칠십이요,

강건하면 팔십이겠지.

그 연수의 자랑은 수고와 슬픔뿐,

신속히 가니 우리는 날아가나이다. (시편 90:10)

이제 이 사실을 알았으니, 무엇을 선택할 것인가? 이번 생에서 당신이 열망하는 것은 무엇인가? 권력과 부, 명예를 쥐고 선한 일을 하고 싶은가? 아니면 단테가 브루네토 라티니 선생에게서 배운 'come l'umo s'eterna(인간이 스스로를 불멸화하는 방법)'에 이끌려 갈 것인가? 오비디우스와 단테처럼 걸작을 창조하기보다는(이 두 명의 추방된 이들처럼 천재적인 재능을 가진 이는 거의 없다) 영원불멸의 보편적인 정신적 가치를 알고서 진리 안에 살고, 연민을 가지며, 아름다움을 바치고, 의롭게 살 것인가? 아주 멋지다. 하지만 그러려면 어떻게 해야 할까? 거울에 비친 자신에게 무슨 말을 하는가?

인간이 되는 것은 기술이다. 그것은 서기 400년도 더 전에, 에게해 연안의 햇볕이 내리쬐는 아름다운 도시에서 종종 남루한 옷을 입고 돌아다니던 괴짜 남성의 깊은 신념이었다. 그의 이름은 소크라테스였고, 지혜를 대단히 좋아했다. 그래서 지혜를 찾아다녔다. 지혜는 그가 모르는 것을 알고 있었으니까. 그래서 그는 특히 다음의 두 가지 질문을 계속했다.

'올바른 삶의 방식은 무엇인가?' '좋은 사회란 무엇일까?'

하지만 자신만의 생활 방식으로 그에게 설득력 있는 답을 줄 수 있는 이는 없었다.

"이 두 가지 질문에 정답을 말할 수 없다는 것이 무슨 뜻인지 압니까? 우리는 어떻게 자유와 조화 속에서 함께 살 수 있죠?"라고 시민들에게 물었다. "먼저 인간이 되는 방법을 안다면, 이 두 가지 질문에 대한 답을 분명히 찾을 수 있을 것입니다."라고 격려하며 말했다.

그러나 아테네의 권력을 가진 많은 이들은 그 답을 알고 싶지 않았다. 소크라테스는 공공의 품위를 훼손했다는 이유로 기소되어 유죄 판결을 받았다. 그에게 추방 혹은 죽음이라는 선택권이 주어졌다. 자신이 잘못한 것이 없음을 알았기 때문에 그는 죽음을 선택했다. 그가 죽은 후에야 아테네 시민들은 소크라테스가 목숨을 걸고 그 답을 스스로 제시했음을 깨달았다.

인간이 되는 기술은 정신의 고귀함에 달려 있다는 것이다.

3장

1968년의 일이다. 오비디우스가 아우구스투스 황제에 의해 제국 끝자락에 있는 황량하고, 추운 곳으로 추방되었고, 그로부터 몇 년 후《비가》를 미지의 미래로 떠나보낸 지 19세기하고도 60년이 흘렀다.

12월 21일 토요일. 이른 아침에 용기 있는 세 사람은 플로리다의 케이프 케네디에서 지구를 떠나 사흘간의 여정 끝에 오비디우스가 머물렀던 유배지보다 더 황량하고, 추운 '달'이라는 장소에 도착했다. 프랭크 보먼, 짐 로벌, 빌 앤더슨은 인류 역사상 최초로 달의 궤도를 돈 인간일 것이다. 그들은 아폴로 8호 우주신 캡슐의 창문 너머로 최초의 인간이 발을 디딜지도 모를 달 표면을 탐색하며, 수많은 사진을 찍을 수 있는 장비를 갖추고 있었다.

12월 24일 화요일. 우주선 캡슐이 도착해 달 궤도를 돌기 시작했다. 카메라를 들고 있던 빌 앤더스는 분화구로 뒤덮인 어두운 달 표면의 사진을 차례로 찍었다. 어느 순간 그의 눈에 인간의 눈으로 본 적 없던 것이 보였고, 그가 찍은 사진 덕분에 우리가 눈으로 보는 세상의 이미지는 영원히 바뀌었다.

칠흑같이 어두운 우주 저 멀리, 세 사람은 어둠 속에서 솟아오르는 작지만, 빛나는 푸른 구체, 지구 행성이 눈에 들어왔다. 우주에서 유일하게 밝은 점이었다.

한편, 미국 전역과 전 세계 어디에서나 텔레비전이 있는 곳이면 사람들은 TV 화면에 붙어 있었다. 크리스마스이브라 우주비행사들이 준비한 크리스마스 메시지를 기다렸는데, 세 사람이 지구에 처음으로 보내는 지구돋이 사진에 덧붙인 말은 아주 잘 어울리는 말이었다.

연결이 원활하지는 않았지만, 달 주위를 떠다니는 세 사람의 목소리는 크고, 분명하게 들렸다.

"아폴로 8호 승무원은 지구에 계신 모든 분께 보내고 싶은 메시지가 있습니다."

그런 다음 천지 창조에 관한 창세기의 첫 열 구절을 차례로 읽었다. 그리고 이렇게 마무리했다.

"멋진 지구에 계신 여러분께. 좋은 밤 보내시고, 행운을 따르기를 소망하며, 즐거운 크리스마스 보내세요. 여러분 모두에게 신의 축복이 있기를 기원합니다. 아폴로 8호의 승무원들로부터."

3일 후에 지구로 돌아온 그들은 깨달았다. 달을 탐험하기 위해 떠났지만, 사실 그들이 발견한 것은 지구였으며 무한한 어둠 속 우리의 작은 행성이 얼마나 아름답고 얼마나 덧없는지를 말이다. 이 행성에 머물도록 허락된 인류가 존재한다는 것이 얼마나 놀라운 일인가. 인간이 함께 조화롭게 살 수 없다는 것은 정말이지 이해할 수 없는 일이 아닌가. 우리 지구를 인간이 계속해서 파괴하는 것은 또 얼마나 어리석은가. 이는 자기 파괴에 지나지 않는다.

1968년의 크리스마스. 미국은 넘치는 폭력에 찢겨, 내전이 일어난 것만 같았던 그해의 연말이 시작됐다. 마틴 루터 킹과 로버트 케네디가 목숨을 잃었다. 두 사람의 상징이었던 '희망'은 미국만을 위한 것이 아니었다. 그런 어두운 사회 분위기 속에 푸른 행성 지구의 사진은 빛과 희망이 되었다. 이런 새로운 인식은 《뉴욕타임스》의 첫 페이지에 실린 시인 아치볼드 매클리시의 짧은 글에 아주 잘 표현되었다. 그 마지막 단락은 다음과 같다.

끝없는 침묵 속에 떠도는 지구, 작고, 푸르며, 아름다운 지구를 있는 그대로 보는 것은, 그런 지구를 함께 거니는 우리 자신을 영원한 추위 속 밝은 아름다움 위를 거니는 진정한 형제로 보는 것이다.

반세기 전만 해도 이는 희망을 나타냈다. 아름다운 푸른 공, 거대하며, 뚫을 수 없는 우주 속 한 점 빛에 담긴 세계동포주의의 희망 말이다. 그러나 지나간 이상의 희망인 듯 이제는 낡아빠진 것처럼 들린다. 지구 파괴가 멈추지 않으니 말이다. 전 세계적으로 인류는 더욱 분열했고, 불안과 폭력도 증가했다. '우주의 기원'을 찾으려는 새로운 망원경은 우주의 가장 먼 곳까지 탐험하지만, 인류의 본질은 점점 더 흐려진다. 인간이 되는 기술 역시 마찬가지다.

블레즈 파스칼이 17세기에 《팡세》에서 한 다음의 경고를 마음에 새겨야 할 것이다.

> 인간이라는 자신으로 돌아가, 모든 존재와 비교했을 때 인간이란 무엇인지 생각해 보자. 이 멀리 떨어진 자연의 외딴곳에서 길을 잃었다고 생각하자. 그리고 그가 갇힌 우주라는 작은 방에 갇혀 지구와 세계, 도시, 그리고 자신의 진정한 가치를 매겨 보자. 무한함 속의 인간은 무엇인가?

이 책의 네 가지 고찰은 파스칼의 경고에 답하는 것을 목표로 한다. 인간이 되는 기술에 관한 네 가지 고찰에는 전쟁을 삶의 배움터로 보는 고찰, 어리석음과 거짓을 극복하려는 고찰, 용기와 연민에 대한 고찰, 마지막으로 인간의 창조력과 진정한 사랑을 통한 불안으로부터의 구원에 대한 고찰이다. 이 네 가지 고찰은 오비디우스의 《비가》처럼, 소크라테스가 제시한 두 가지 중요한 질문, '올바른 삶의 방식은 무엇이며, 좋은 사회란 무엇인가?'에 관심을 둔 모두를 위한 길라잡이가 되기 위한 것이다.

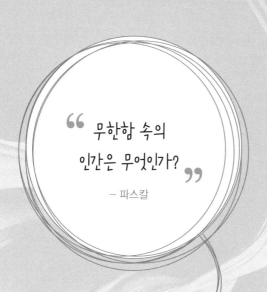

" 무한함 속의
인간은 무엇인가?
— 파스칼

" 올바른 삶의
방식은무엇인가?
— 소크라테스

hum

homme

人間

menneske

art

a

de frie kunster

k

homme

人間

home

art

die Kunst

de frie kunster

kor

homme

人間

hombre

homem

art

die Kunst

arte

de frie kunster

konst

hum

homme

rc

homem

die Kunst

藝術

sztuki
human

hombre

menneske

arte

sztuki
human

nneske

sztuki

첫 번째
고찰

전쟁에서 배우는 삶
- 니체의 편지

2020년 5월에 멕시코의 빅토로 가르시아 살라스에게서 뜻밖의 편지를 받았는데, 당시에는 누구인지 몰랐지만, 명망 있는 멕시코국립자치대학교에서 철학을 가르치는 교사였다. 그는 철학적 인류학을 전공하는 자기 학생들이 인간 존재의 기초와 인간 존엄성의 본질에 대해 고민하게 하도록 노력했다고 썼다. 철학과 1학년 학생들에게 '소음과 분노가 젊은이들에게 여전히 공감을 불러일으킬 때'에 관한 강의를 한단다. 또한 학생들에게 프리모 레비가 아우슈비츠 생존에 관해 쓴《이것이 인간인가》와 자유와 두려움에 관한 도스토옙스키의 유명한《대심문관》을 의무적으로 읽게 하며, 이 두 고전 작품에 대한 현대식 보충 설명으로써 내가 쓴 책《이 시대아 맞서 싸우기 위해(파시즘과 인문주의에 관하여)》의 스페인어판인《Para Combatir Esta Era》도 읽게 한다고 했다. 이 책은 파시즘과 인본주의에 관한 것으로, '파시즘의 영원한 귀환'에 대한 글과 '유럽의 귀환' 주제를 다루었다. 세 권의 책은 학생들이 멕시코의 정치적, 사회적 상황을 성찰하고, 이에 관한 토론을 장려하기 위한 것이다.

멕시코는 역사가 깊고, 문화가 풍요로우며, 아름다운 자연에, 경제적 부도 부족하지 않다. 그렇지만 극심한 빈곤 속에 살아가는 이들도 많으며, 여러 마약 조직이 일삼는 잔혹한 폭력은 헤아릴 수 없을 정도로 빈번하다. 어디에나 만연한 부패와 정치계 및 비즈니스 엘리트는 자기 이익만을 좇고, 안드레스 마누엘 로페스 오브라도르 대통령은 전형적인 좌파 정치 선동가라 할 수 있겠다.

살라스가 내게 편지를 쓴 이유는 다음과 같다. 학기 중반인 2020년 4월 중순에 멕시코에도 코로나가 확산되면서 모든 강의실이 폐쇄되었다. 읽은 책에 대한 학생들의 토론을 이제 막 시작했는데, 각자의 방으로 돌아가게 되며 중단될 것만 같았다. 살라스는 그렇게 되지 않은 사실에 기쁘면서도 놀랐다. 대화는 이메일을 통해 이어졌고, 많은 학생들이 내가 쓴《영혼의 고결함》, 잊혀진 이상에 관한 책의 스페인어판 읽기에도 참여했다. 곧 컴퓨터 뒤에서 그 책에 관한 대화도 오고 가기 시작했다. 토론 중에 진짜 철학을 공부하는 학생들에게 걸맞은 새로운 질문이 이어졌고, 그것은 그들이 온당한 사회의 토대를 찾는 데 있어 의미 있는 질문으로 다음과 같다.

지금 시대의 도덕적 위기는 무엇일까? 민주주의의 본질은 무엇이며, 왜 그렇게나 많은 나라에서 민주주의가 쇠퇴하는 것인가? 보편적인 인본주의적 가치는 어디에 있으며, 기술이 지배하는 대중 민주주의에서 두 가지는 무슨 관련이 있을까? 향수나 원리주의에 빠지지 않고서 허무주의에 맞설 수 있는가? 학생들에게 끼치는 이런 모든 사회적 현상의 결과는 무엇이며, 그들이 온당한 삶을 살기 위해 무엇을 할 수 있나?

지혜를 향한 교사의 애정은 물음과 자기 성찰에서 시작된다는 사실을 학생들에게 훌륭하게 가르친 빅토르 가르시아 살라스는 학생들 각자에게 해설과 함께 한두 가지 질문을 만들 것을 제안했고, 그걸 내게 보내 답을 물어볼 생각이었는데, 그는 정말 그렇게 했다.

학생들의 질문이 담긴 편지를 읽고서 나는 두 가지 이유로 놀랐다. 모든 책은 병 속에 담긴 메시지 같은 것으로, 누가, 언제, 어디에서 그것을 보게 될지, 무엇을 초래할지 모른다. 내 책이 멕시코시티의 한 강의실로 떠밀려 가 진지한 철학적 토론의 주제가 될 수 있었다는 사실이 내게는 놀라웠다. 나는 독서량의 감소와 특히나 '유용한 것', 다른 말로는 돈, 많은 돈을 벌게 해 주는 것을 공부하라는, 사회적 강요는 아닐지라도 압박이 있다는 세간의 말에 별로 놀라지 않았다. 여전히 '쓸데없는 일', 누군가의 계좌를 부풀리는 데는 도움이 안 되지만, 정신을 풍요롭게 하는 과목에 신념과 열정으로 헌신하는 교사와 학생들이 있는 것 같다.

예의상, 그리고 시간이 부족했기에 질문에 대한 답변을 회신 메일로 간결하게 보내 달라고 요청했는데, 멕시코에서 내 편지를 받은 이들은 편지를 매우 고마워했다.

우연히도 그때의 나는 니체의 젊은 시절 작품에 다시 푹 빠져 있었다. 당시 그는 바젤 대학의 교수로 있으면서 《교육자로서의 쇼펜하우어》라는 글을 썼던 서른 살 철학자로, 그의 이야기를 학생들이 들을 준비가 됐다는 게 느껴졌다. 니체는 1874년에 그가 살던 시대를 분석했는데, 그 내용은 지금 시대에서도 크게 벗어나지 않는다.

> 종교의 바다는 점차 사라져 늪이나 고인 웅덩이를 남긴다. 국가들은 가장 적대적인 방식으로 다시금 멀어지고 있으며, 서로를 산산조각내고자 한다. 척도나 규칙이 없는 맹목적인 자유방임주의 정신을 따르는 과학은 사람들이 확고히 믿었던 모든 것을 부수고 위태롭게 한다. 지식층과 국가는 비열하기 그지없는 화폐 경제에 끌려가고 있다. 세상이 이보다 세속적이었던 적이 없으며, 사랑과 선함이 이보다 가난했던 적도 없다. 이런 혼란스러운 세속화 속에서 지식층은 더 이상 등대나 보호처가 되지 못한다. 그들 스스로도 날이 갈수록 더 불안해하고, 무심하며, 사랑이 없어지고 있다. 현대 예술과 과학을 포함한 모든 것이 다가오는 야만성을 키우고 있다.

니체가 이 글에서 제기한 질문은 여전히 시급한 것이다.

더 많이 문명화된 사회라면 항상 관심을 두었던 도덕적 문제에 대한 고찰은 어디로 사라져 버렸는가?

나는 그가 내놓은 다음의 논평이 현재에도 시의적절해서 충격을 받았다.

도덕 교육자가 이보다 더 필요했던 적이 없었으며, 그들을 찾을 수 없었던 적도 없었다. 대규모 전염병이 돌아 의사가 가장 필요할 때, 그들 역시 가장 큰 위험에 처해 있다.

서른 살의 니체에 따르면, 이런 사회적 위기를 해결할 수 있는 유일한 방법은 다시 인간이 되는 것이다. 다시 자신을 찾고, 스스로를 알아가며, 정신적인 자신을 형성하는 것이다.

글을 읽으면서 멕시코의 학생들이 내가 아니라 니체에게 질문을 보냈다면, 타고났으면서도 경험이 풍부한 교사인 그는 그들의 질문에 나의 답변처럼 친절하게, 최선을 다해 답하지 않고 대신 이렇게 보냈을 것 같다.

친애하는 동료들에게,

나는 여러분을 모르지만, 여러분처럼 젊고, 철학에 평생을 바치고
자 하는 사람이라면 누구나 내 동료라고 생각합니다. 소중한 동료
여러분, 머나먼 멕시코에서 편지를 보내 줘서 정말 고마워요. 아쉽
게도 내 눈과 건강이 좋지 않아 멀리 여행하는 것이 힘들지만, 대
홍수 후의 낮은 유럽에 있는 것보다는 여러분이 있는 고지대에 있
고 싶은 건 진심입니다. 여러분을 직접 만날 수 있다면, 모두와 악
수를 나누고 큰 테이블에 둘러앉아 묻고 싶을 거예요. 왜 여러분의
질문에 대해 내가 답하기를 원하는지를요. 훌륭하고, 중요하며, 타
당한 질문인데, 바로 그래서 묻는 거예요. 이건 여러분의 삶에 관
한 것 아닌가요? 여러분이 살아가야 할 세상이요. 그러니 내가 아
니라 여러분 스스로가 답해야죠. 내가 《교육자로서의 쇼펜하우
어》에 관해 쓴 글에 이렇게 쓴 이유이기도 합니다. "삶의 흐름에서
여러분이 건너야 할 다리를 대신 지어 줄 사람은 아무도 없습니다.
여러분 자신 외에는 아무도 없어요. 물론, 여러분을 살피어 줄 길
과 다리, 신과 같은 존재는 아주 많지만, 그 대가는 여러분이 치러
야 하며, 그렇게 되면 장기의 졸이 되어 자신을 잃을 것입니다. 세
상에는 여러분 스스로가 아니고서는 누구도 갈 수 없는 길이 하나
있어요. 그 길은 어디로 이어지냐고요? 묻지 말고 나아가세요."

나도 압니다. 의미 있는 삶을 살기 위해서는 쉬운 길을 피하고, 자신만의 길을 따라가며, 질문에 대한 답을 스스로 찾아야 한다고 말하면 정말 많은 이들이 두려워하죠. 하지만 두려워하지 말아요! 여러분은 이러한 삶의 탐구를 위해 교양 교육으로 스스로를 지킬 수 있습니다. 우리 독일인들은 이것을 '빌둥(Bildung, 교육, 형성)'이라고 불러요. 올바른 생각을 가진 모두에게 꼭 필요한 교양 교육입니다. 내가 존경하는 미국 수필가 랄프 왈도 에머슨은 이렇게 말했습니다. "교양 교육은 인생을 살아가는 방법을 가르치는 것으로, 없어서는 안 될 교육이다."

어떻게 하면 교양 교육을 가장 잘 받을 수 있을지 물어도 좋아요. 내 경험을 토대로 이렇게 말할 수 있겠군요. 다시 자신을 찾고, 정말로 구름 속에 떠다니는 듯한 무감각함에서 벗어나기 위해, 자신을 되찾기 위해, 여러분을 양육하고, 교육한 이들을 돌이켜 보는 것보다 나은 방법은 없습니다. 《교육자로서의 쇼펜하우어》를 보면, 내가 어떻게 했는지 알 수 있으며, 여러분의 교양 교육에 유용한 것도 배울 수 있을 겁니다.

진실에 숭실하며,

따뜻한 인사를 보냅니다.

프리드리히 니체 박사

때는 2020년 5월이었다. 코로나바이러스가 전 세계를 휩쓸고, 삶은 멈췄다. 국경은 폐쇄되었고, 사무실도 문을 닫았으며, 강의실은 텅 비었고, 여행도 불가능해진 데다, 하늘과 도로 위는 조용해졌다.

니체 덕분에 학생들에게 어떻게 더 현명하게 답해야 할지 알았고, 내게 더 많은 시간이 주어졌으니, 그들에게 장문의 편지를 쓸 수 있겠다 싶었다. 멕시코 학생들에게 보내는 편지*에는 나를 양육하고, 교육해 준 사람들에게서 배운 것과 내게 '필수 교육'이 된 것을 전하고 싶었다. 이를 통해 그들 자신의 삶에 대한 탐구 속에서 스스로를 지킬 수 있는 교양 교육에 도움이 되기를 바란다.

---

* 편지를 쓰며 생각나는 학생들 17명의 이름은 다음과 같습니다. 브라얀 헤라르도 바우티스타 바우티스타, 모이세스 모야 아귈라르, 발레리아 곤살레스 에스코바르, 울리세스 리카르도 산체스 로드리게스, 릴리아 미켈 오캄포, 헤수스 콘트레라스 바우티스타, 안드레아 데 헤수스 바르하스 루나, 에데르 야이르 곤살레스 첸테네로, 파티마 레예스 가르시아, 다니엘라 마르티네스 크루스, 타니아 디아스 아람불라, 다비드 알레한드로 미란다 문기아, 아메리카 아비가일 마르티네스 아라나가, 아르만도 히메네스 빌라, 발레리아 히셀 아레야노 페레스, 카로 노리에가 낸시, 윌리엄 페루스키아

편지

2020년 6월 11일 목요일
친애하는 동료들에게,

　　여러분이 먼저 읽어야 하는 니체가 썼을 법한 동봉된 편지와 함께, 내가 쓴 편지를 보냅니다. 오늘 아침에 '인간이 되는 기술 학교'에 관해 알게 됐는데, 니체가 한 현명한 조언의 부분을 바탕으로, 자기 인식의 중요성과 여러분을 양육하고, 교육한 사람들을 돌이켜 보는 것의 중요성을 여러분과 나누고자 합니다. 지금은 내가 멕시코에 갈 수 없거든요. 전쟁에 관한 이야기이자 전쟁을 겪은 아이의 경험에 관한 이야기예요. 그 전쟁을 겪은 아이는 내 어머니였습니다. 나는 어머니가 '삶의 배움터'에서 인간이 되는 기술에 관해 배우게 된 것을 여러분에게 전하려고 합니다.

어머니가 인생을 배운 곳은 여러분이 빅토르 가르시아 살라스 선생님에게서 배우는 책이나 교양의 세계와는 완전히 다릅니다. 니체가 정확히 이렇게 조언한 이유가 이해되는군요. "스스로를 더 잘 알기 위해서는 자신을 양육하고, 교육한 사람들을 돌이켜 보는 것부터 시작하라"는 것이요. 책에서는 결코 배울 수 없었던 것이, 오늘 아침에 나의 어린 시절 나를 형성한 것과 어머니의 인생 경험에 대한 성찰 이후 분명해졌습니다.

친애하는 여러분, 그렇다고 해도 우리 시대의 도덕적 위기의 원인, 보편적 인간 가치의 타당성, 허무주의에 맞서 싸우는 최선의 방법, 여기에 하나를 더하자면 대학의 대부분이 어리석음의 보루가 된 이유에 대한 여러분의 질문과 논평에 대한 답은 변하지 않습니다. 나는 이미 '어리석음과 거짓'에 관한 글을 쓰기 위해 메모를 모으고 있어요. 여러분이 한 질문의 주제는 편지 한 통에 담기에는 너무 광범위하군요. 더욱이, 내가 지금 여러분에게 쓰려는 편지는 어떻게 되든 길어질 것 같고요. 하지만 밤이 오기에는 여전히 이르고, 다행히 이곳 네덜란드의 여름 저녁은 길며, 거리는 유난히도 조용하네요.

지금 여러분의 삶이 어떤지는 모르지만, 이곳의 우리는 '전쟁 상태' 같은 상황을 살고 있습니다. 눈에 보이지 않을 만큼 치명적인 바이러스가 전 세계적으로 이렇게 짧은 시간 안에 갑작스럽게 등장한 지금, 우리는 우주비행사처럼 방호복을 입고서 지쳐가는 간호진의 모습을 매일 보고 있어요. 아픈 환자들이 쇄도하고, 이탈리아 북부에서는 냉장 트럭에 시신을 쌓고, 화장터에서는 고인을 위한 존엄한 장례식조차 할 수 없는 끔찍한 일이 이어지니까요. 전 세계 수많은 도시의 거리는 조용하고, 황량하며, 주민들은 집에 머물라는 명령을 받고서도 치명적인 바이러스에 대한 두려움 때문에 자신의 운명을 받아들이고, 그것이 현재로서는 유일한 피난처임을 알고 있습니다.

친애하는 여러분, 많은 이들이, 특히 정부 지도자들이 전쟁 이야기를 하는 것은 당연해요. 세계는 전쟁 중이며, 그 적은 코로나바이러스입니다. 상황이 심각해서인지, 무엇보다 우리의 자유가 전례 없이 제한되는 것을 정당화하기 위해 '전쟁이다!'라고 하는 말은 이해가 됩니다. 전쟁 중에는 다른 규칙과 법률이 적용되잖아요. 하지만 전쟁과 관련된 것은 이해할 수 있다고 해도 옳지는 않습니다. 사실이 아니기 때문에 옳지 않은 거죠. 전염병은 자연이 만들어 낸 재앙이지만, 설사 백만 명 이상의 희생자를 낳는다고 해서 전쟁이 되는 것은 아닙니다. 전쟁은 훨씬 더 엄청난 것이며, 우리는 그것이 무엇인지 결코 잊어서는 안 돼요.

나는 전쟁이 어떤 것인지 아는데, 다행히 경험으로 아는 것은 아닙니다. 풍요롭고, 평화로운 네덜란드에서 1962년에 태어나, 내 동포들처럼 지난 58년간 전쟁이라는 운명을 면했으며, 앞으로도 그러하기를 바랄 뿐입니다. 자연재해도 끔찍하지만, 전쟁은 훨씬 더 끔찍

해요. 서유럽 출신의 나와 같은 세대는 제2차 세계대전의 그늘에서 자라서인지 이런 깨달음을 얻었죠.

살아 있는 기억처럼 그 전쟁은 우리의 어린 시절에 어두운 그림자를 드리웠어요. 빠져나갈 수 없었고, 도망치고 싶지도 않았어요. 우리는 책을 읽었죠. 우리가 태어나기 불과 몇 년 전에 이 대륙에서 일어난 상상할 수 없는 일들에 대해 이해하려고 읽어야 했던 책들을요. 안네 프랑크, 엘리 위젤, 해리 물리쉬, W. F. 헤르만스, 하인리히 뵐, 조지 오웰, 알렉산드르 솔제니친, 마거리트 뒤라스, 알베르 카뮈, 호르헤 셈프룬, 어니스트 헤밍웨이, 파블로 네루다.

1974년 네덜란드 텔레비전에서 《전쟁 중의 세계》라는 영국 다큐멘터리 시리즈를 방영했습니다. 당시만 해도 시각적 자료는 시청자에게 많이 제공되지 않았는데, 전례 없는 풍부한 시각적 자료와 정말 많은 목격자의 이야기가 담겨 있는 26개의 에피소드에서 내레이터는 영국 특유의 절제를 담아 제2차 세계대전의 역사를 이야기해 시각적 자료와 함께 이야기의 극적인 느낌을 한층 높였습니다. 열두 살짜리라면 자야 할 시간인 일요일 저녁에 방영했지만, 부모님은 내가 작은 흑백텔레비전 앞에 앉아 모든 에피소드를 꼭 시청해야 한다고 생각하셨어요. 모두 그래야 했으니까요.

뼈대만 남은 집과 불에 타 버린 교회로 이어지는 길의 이미지가 나오는 첫 번째 에피소드의 오프닝이 어떤지는 지금도 온라인으로 볼 수 있습니다. 그런 다음 내레이터는 1944년 6월 10일 프랑스에서 나치 무장 친위대 군인들이 자행한 대학살을 이야기합니다.

> 1944년의 어느 여름날, 이 길을 따라 군인들이 왔다. 지금 이곳에는 아무도 살지 않는다. 그들이 머문 시간은 단 몇 시간. 그들이 떠난 후에 천 년간 이어졌던 공동체가 죽었다. 이곳은 프랑스의 오라두르-쉬르-글란이다. 군인들이 온 날, 모든 사람을 모았다. 남자들은 차고와 헛간으로 끌려갔고, 여자들과 아이들은 이 길을 가로질러 여기 교회로 끌려갔다. 이곳에서 그들은 남자들이 총에 맞는 소리를 들었다. 그 후에 그들 역시 죽임을 당했다. 몇 주가 지나고, 살인을 저지른 이들 중 상당수가 전투에서 사망했다. 그들은 오라두르를 재건하지 않았다. 그 폐허는 추모하기 위한 곳이다. 이곳에서의 순교는 폴란드, 러시아, 버마, 중국, 전쟁 중인 세계 곳곳에서의 순교를 대표한다.

그런 다음 각 에피소드를 소개하는 어둡고, 불길한 느낌의 오프닝 음악이 나와요. 22시간 30분 길이의 이 다큐멘터리를 모두 시청한 사람이라면 마지막 에피소드에서 내레이터가 남긴 "기억하세요!"라는 마지막 말을 결코 잊지 못할 겁니다.

10년 후에 클로드 란즈만이 감독한 아주 끔찍한 목격자 보고서인 《쇼아》와 그 무렵 드디어 네덜란드어로 출판된 프리모 레비의 책에서 같은 외침이 들렸습니다.

'이것을 기억하세요! 절대 잊지 마세요! 전쟁이 무엇인지 알아야 해요!'

전쟁은 인류의 형성이 아니라 파괴이며, 인류의 해체, 모든 인류를 없애는 것입니다. 최악의 악이 인간의 모습으로 나타나고, 인류를 고양시키는 모든 정신적 가치는 폭력과 잔혹한 힘에 유린당합니다. 전쟁은 허무주의의 냉소적 지배 아래 도덕적 가치가 파괴되는 것입니다. 그것은 유혈과 증오, 분노가 가득한 죽음에 대한 숭배죠. 전쟁은 언제나 선을 파괴하려는 악으로부터 시작되고, 결국에는 악을 파괴하려는 선의 전투가 됩니다. 한편에 용기와 저항, 다른 한편에 비겁함, 배신, 수동적 순응. 이 둘 사이에서 선택을 강요당할 때, 전쟁은 인간의 마음속 전쟁터에서도 맹위를 떨칩니다.

이것은 나의 어린 시절이었으며, 내 세대 또래들의 어린 시절이었고, 학교였으며, 우리가 결코 잊어서는 안 될 역사입니다. 프리모 레비는 전쟁과 아우슈비츠를 겪은 후에 모든 생존자를 대변하여 삶의 마지막에서 우리에게 냉혹한 논리를 제시합니다.

"있었던 일이니, 다시 일어날 수 있습니다. 어디에서나 일어날 수 있죠."

기억하세요! 기억은 악의 세력이 등장함과 동시에 이를 인식하고 맞서 싸우도록 하는 것으로, 우리의 첫 번째이자 가장 근본적인 방어입니다. 그러나 기억이 희미해지면 우리의 도덕적 의식도 희미해질 것이며, 악의 씨앗이 뿌리를 내릴 때가 되어서야 인지하겠죠. 그것이 악이라는 걸 곧장 알아챌 수 있는 것은 조커와 배트맨처럼 할리우드 영화에서나 가능합니다. 악의 세력은 실제로는 다음과 같은 선동적인 미사여구 뒤에 검은 거짓말을 숨기기 위해서 흰옷으로 감싸는 것을 좋아한다는 것을 역사는 우리에게 알려 줍니다. '우리는 나라를 다시 위대하게 만들 것입니다! 국민의 적들로부터 우리의 땅을 구합시다! 민주주의의 혼란을 진정한 리더십으로 바꿉시다!' 등등 말이죠.

그것이 우리의 어린 시절이었습니다. 그러나 지금은 40년이 지난 2020년이에요. 많은 나라에서 선동가들과 뛰어난 정치 거짓말쟁이들이 민주적 수단으로 권력을 잡았습니다. 미국의 트럼프, 헝가리의 오르반, 니카라과의 오르테가, 베네수엘라의 마두로와 투르키예의 에르도간, 오브라도르 대통령도 이 범주에 속하겠죠. 네덜란드를 포함한 너무나 많은 나라에서 극단주의 정당이 점점 더 많은 힘을 얻고 있습니다. 역사의 뮤즈인 클리오가 지구를 떠난 것만 같군요. 극단주의와 거짓의 정치에 맞서는 첫 번째이자 근본적인 방어 수단인 기억이 더 이상 존재하지 않으니까요.

우리 세대에게 프리모 레비와 다른 이들의 경고를 마음에 새기고서 결코 잊어서는 안 되는 것이, 잊혀졌거나, 제대로 전달되지 않았습니다. 왜일까요? 우리는 부모님과 달리 전쟁을 직접 경험한 적이 없어서일까요? 그래서 우리가 읽고, 본 것이 우리 마음속에 영원히 남지 못한 것일까요? 그렇다면 우리는 '유용하고', '즐거운' 것을 사이렌의 노래를 대가로 망각의 강 레테에다 뮤즈에 대한 모든 지식을 던져 버렸나요? 아마 그럴 지도요.

하지만 영향력이 크기 때문에 더 중요한 것이 있습니다. 1989년 11월 9일 베를린 장벽이 무너지면서 우리 세대는 냉전의 종식이자 제2차 세계대전의 마지막 장을 기념했으며, 동시에 '역사의 종말'이라는 확신에 가득 차 있었습니다. 행복했던 시기에 무의식적인 집단 반사 작용 속에서, 서구 사회는 과거를 뒤로하기로 했어요. 우리의 무의식 어딘가에서 어렸을 때 배운 역사가 결국에는 너무나 큰 짐으로 느껴졌고, 그 시절을 살았더라면 겪었을 아픈 기억과 셀 수 없이 많은 힘든 도덕적 선택에 직면했을 거라는 생각을 했을 겁니다. 드디어 전쟁이 끝나고, 우리는 그 부담에서 벗어나 즐겁게 미래를 바라볼 수 있게 되었습니다. 유럽에서 다시는 전쟁이 일어나지 않을 것이라고 확신했어요. 이 생각 때문에 키케로가 전한 고대 지혜인 'historia magistra vitae est(역사는 삶의 교사이다)'가 그 의미를 잃었죠. 결국 역사가 종말을 맞이하면, 역사는 더 이상 우리 삶의 지침이 될 수 없는 것입니다.

단호히 기억하기를 거부하는 것은 항상 정치적인 결과로 나타난다는 것은, 도널드 트럼프와 어러분의 리더 막시모가 현재 집권하고 있듯이, 이 선동가들이 2016년에 그 높은 자리에 오르기 2년 전인 2014년에 분명해졌습니다.

2014년 3월 21일에 나는 독일 마샬 기금이 주최한 브뤼셀 포럼 토론회에 참석할 기회가 있었어요. 독일 마샬 기금은 워싱턴 DC에 본부가 있는 싱크탱크로, 매년 봄 EU의 수도에서 며칠간 이어지는 콘퍼런스를 개최하고, EU와 미국의 정치가나 비즈니스 엘리트 중에서 참석자를 추첨합니다. 6년 전 3월의 금요일, 에스토니아 대통령인 투마스 일베스와 마테오 렌치가 이끄는 이탈리아 사회민주당 정부의 외무장관인 페데리카 모게리니와 조지 W. 부시 정부 당시 국무부 차관이었으며, 전 세계은행 총재였고, 당시 미국 투자은행 골드만 삭스에서 근무한 로버트 졸릭이 토론 패널이었어요.

토론은 제1차 세계대전 이후 100년이 지난 현재, 유럽연합이 겪게 될 변화와 앞으로 내려야 할 정치적 선택에 관한 것이었습니다. 하지만 대화는 처음부터 불과 몇 주 전에 있었던 러시아의 크리미아 반도 합병 사실과 그로 인한 러시아와 우크라이나 간의 전쟁에 관한 게 대부분이었죠.

페데리카 모게리니는 14살이었던 그녀가 에라스무스 학습 프로그램을 통해 유럽의 많은 부분을 알게 된 젊은 세대의 일부가 될 수 있었다고 말하며, 이를 통해 '우리는 더 큰 EU가 필요하다'는 통합된 유럽의 설립과 EU가 실행한 소프트파워에 대한 믿음이 깊어졌다고 했습니다. 그래서 푸틴의 외교 정책에 제재를 가해 그가 이성적으로 생각하도록 만들어서 문제를 해결하는 것으로 충분하다고 확신한다는 것이죠.

이에 필적하는 유럽인인 토마스 일베스는 납득하지 못했어요. 60세인 그는 그녀보다 정확히 한 세대 앞섰으며, '미국인은 화성에서, 유럽인은 금성에서 왔다'는 로버트 케이건의 유명한 구절을 '유럽인은 명왕성에서 왔다'라고 냉소적으로 의역하기도 했죠. 그는 말을 이어갔습니다.

"EU에 중요한 건 경제적 이익뿐인 금권정치입니다. 제재는 의미가 없으며, 푸틴이 그것 때문에 잠을 못 이룰 일은 없을 겁니다. 1930년대처럼 EU가 작은 나라들의 운명을 그들 스스로에게 맡기는 건, 그들이 경제적 이익에 어떠한 도움도 되지 않기 때문이죠."

그처럼 60세인 미국인 로버트 졸릭도 똑같이, 더 날카롭게 비판했습니다.

"에라스무스 세대의 장관님 같은 사람들은 정말 운이 좋았네요! 심각한 안보 위협을 겪어 본 적이 없지 않습니까! 안타깝지만 모든 사람이 하나의 공동체로 어우러질 것이라는 생각은 정치적 환상이에요."

페데리카 모게리니는 씩씩대며 반응했어요.

"우리가 위협을 경험한 적이 없다고요?! 죄송하지만, 어쩌다 그런 생각을 하신 거죠? 저는 9/11을 겪은 세대입니다! 그 사건은 일어날 수 있는 모든 종류의 사건과 그에 대응하는 방법에 대한 우리의 기준이라고요.”

그의 답변에서 공화당원인 졸릭이 어떤 사람인지 알 수 있습니다.

“외람되지만, 9/11은 유럽이 아니라 미국에서 발생했어요. 저는 그날 뉴욕에 있었는데, 장관님은 어디에 계셨죠? 역사를 보면 장관님이 지키고 싶은 가치는 소프트파워만으로는 그리 큰 진전을 이루지 못했습니다. 정치적 현실주의가 존재하는 데는 그럴 만한 이유가 있는 것이죠. 미국과 EU가 러시아를 공격하지는 않겠지만, 만약 우크라이나가 19세기 침략 정치에 맞서 자국 방어를 결정하고, 그들의 영토인 크리미아반도를 회복하기 위해 싸우려고 EU에 무기 인도 형태의 지원을 요청한다고 상상해 보세요. 그렇다면 토마스 이베스 씨 말대로 1930년대처럼 아무것도 하지 않을 겁니까?”

1년 후에는 EU의 외무 고위대표로 임명된 당시의 이탈리아 외무장관은 어떻게 대응해야 할지 몰라 했어요. 그녀는 “NATO 내부적으로 협의가 필요합니다.”라고 중얼거렸고, 사회자가 논의할 다른 주제가 많은데 시간이 없다고 하자 고마워하는 기색이었죠.

앞서서 이 대화를 듣고 있으니, 네덜란드 작가 하리 뮐리스의 유명한 말이 떠오르더군요. 뮐리스가 쓴 모두 소설과 수필은 제2차 세계대전을 주제로 합니다. 한나 아렌트처럼 그도 예루살렘에서 열린 아돌프 아이히만의 재판에 참석했고, 그만의 방식으로 《형사 사건 40/61》에서 재판에 관해 썼어요. 1973년에는 《어제의 미래》를 출판했는데, 이 책에서 나치가 건설하고 있던 제3제국의 건축 양식을 만들기 위해 히틀러가 선택한 알베르트 슈페어와의 만남을 묘사했습니다. 뮐리스는 그 책의 서문에서 이렇게 말했습니다.

"제2차 세계대전은 세상이 끝날 때까지 기준점으로 남을 것이라고 확신하며, 무슨 일이 있어도 그렇게 되기를 바란다. 그게 아니라면 제3차 세계대전만이 그 유일한 이유일 테니."

두 세대 간의 신랄한 논쟁으로 드러난 것은, 고작 40세의 이탈리아인 정치가와 그녀 세대의 사람들에게 제2차 세계대전은 이제 더는 기준점이 아니기 때문에 우리를 이끌어 주지 못하는 과거완료형의 과거가 됐다는 것입니다.

모게리니와 그 세대들의 추론으로는 과거에 형성된 반사적 사고로 새로운 사회 발전에 반응하는 대신에, 과거의 짐에서 벗어나 선과 악, 현명한 것과 그렇지 않은 것에 다시 중요성을 두는 것이 좋다는 것이죠.

6년이 지난 2020년의 현재, 몇 주 전인 5월 초에 서유럽은 75년간 지속된 자유를 축하했습니다. 하지만 고위 인사들의 축하 연설은 냉정하면서도 양면적인 태도로 가득했어요. 누구든 어느 정도의 의식을 갖고 살아가며, 여전히 신문을 읽는다면, 그렇게나 많은 군인과 용감한 시민이 목숨을 바쳐 싸워서 얻은 자유민주주의와 보편적 도덕적 가치, 인권의 존재, 개인의 자유와 평등이 다시 수많은 위협에 노출되어 있다는 걸 알 겁니다. 이것은 단지 여러 가지 모습으로 부활한 파시즘이나 다양한 형태의 권위주의 성지의 인기 때문만은 아니죠.

인간이 되는 기술을 위협하는 현대 현상은 많이 있습니다. 모든 걸 돈과 숫자, 계산으로 바꾸는 삶의 경제화, 옳고 그름의 구분을 모호하게 만드는 도덕적 상대주의, 그들만이 절대 진리를 독점한다고 으스대는 근본주의, 즐거움과 덧없는 것을 최고로 평가하는 질 낮은 키치 문화, 인간 존재가 기계와 시스템에 종속되는 기술화, 그리고 정신적 덩굴 식물처럼 모든 객관적인 진리를 억누르는 비합리주의의 만연. 이 모두는 인간이 되는 기술을 위협하는 현시대의 현상들입니다.

그렇기에 나와야 하는 질문은 하리 뮐리스가 옳으냐 아니냐입니다. 우리가 역사의 종말을 믿기 시작한 순간부터 제2차 세계대전은 더는 기준점이 아니게 됐어요. 그와 동시에 우리의 정치 영역은 안개에 싸인 사회적 지뢰밭이 되었고, 헤르만 브로흐가 1930년대에 쓴 3부작 속 잠에 취한 몽유병자들처럼, 어둠 속에서 방향을 잡기 위한 빛이 부족해 우리는 갈등 사이에서 동요하다 제3차 세계대전에 휘말릴 수도 있는 겁니다.

키케로도 알고 있었듯이 역사는 교사입니다. 그러나 펠로폰네소스 전쟁의 연대기를 쓴 작가인 투키디데스가 그보다 몇 세기 이전에 이미 알았던 것처럼, 전쟁은 폭력적인 교사죠. 제2차 세계대전은 지금까지 중 우리에게 가장 폭력적인 교사였어요.

"기억하세요!"라는 말, 프리모 레비를 비롯한 전체주의의 지옥을 목격한 증인들의 증언과 그것을 잊지 말라는 경고가 아무 이유도 없이 우리에게 전해진 게 아닙니다. 지금 우리 앞에 놓인 건 그들이 예견했듯이 전쟁에 대한 기억이 희미해져 과거 전쟁의 교훈을 더 이상 배울 수가 없게 될 것이라는 겁니다.

그들은 민주주의의 형태 중 반민주주의 정신의 매력적인 선동적인 힘의 영향은 어디에나 미친다는 걸 알았습니다. 그러나 우리는 트럼프, 오르반, 에르도간, 그리고 여러분의 지도자인 오브라도르가 민주적 수단으로 권력을 잡을 때까지도 그걸 깨닫지 못했어요.

그들은 돈과 무역으로 평화를 살 수 없다는 걸 알았어요. 하지만 우리는 푸틴 대통령이 무역 이익에 상관없이 2014년에 잔혹하게 크리미아반도를 합병하고, 우크라이나를 갈라놓았을 때에서야 깨달았고, 심지어 그리 명확하게 이해한 것도 아니었죠.

그들은 도덕적 정신적 가치가 더 이상 함양되지 못하면, 사회를 폭력으로 감염시키는 두 가지 바이러스인 허무주의와 광신이 반드시 나타난다는 걸 알았습니다. 지금 우리 사회는 크게 분열되었으며, 신체적이고 육체적인 폭력의 수치는 하늘을 찌를 정도인데 이는 중독과 무자비한 맹목적인 공격 때문입니다. 심지어 정신 질환을 앓고 있는 사람들도 개인의 자유라는 이름으로 공격 무기를 들고 돌아다니며, 교회나 학교에서의 학살이 자행되면서 미국의 공공장소는 안전한 곳이 없습니다. 여러분의 나라인 멕시코에서는 많은 여성과 언론인들이 살해당하며, 마약 조직이 어떠한 구속도 없이 폭력을 행사하는 상황 속에서, 이미 서구 사회는 허무주의와 광신의 바이러스에 심각하게 감염되었다는 사실을 이제야 깨닫게 되었습니다.

여러분, 이건 과장된 질문이기는 하지만, 다시 묻는 것도 나쁠 건 없겠죠. 만약 우리가 20세기의 전쟁 시대와 단절된 채 더는 그 시대를 잘 알지 못한다면, 얼마만큼의 지혜를 얻을 수 있을까요?

이것은 지난 몇 달간의 팬데믹 기간 동안 우리가 경험한 것들에서 나온 생각인데, 그 생각을 떠올리니 어머니가 겪은 전쟁 과거가 내게 얼마나 낯선 것이었는지 깨달았습니다.

어머니는 전쟁 중에 인도네시아 자바에 있던 일본군 포로수용소에 할머니, 이모들과 갇혀 있었고, 그곳에서 보낸 몇 년에 대해 나와 형제자매들에게 말한 적은 없습니다. 어머니가 수용소에 간 것은 12세의 소녀였을 때였어요. 3년 후에 풀려나서도 고작 15세로, 전쟁이라는 폭력적인 교사에 의해 형성된 삶을 사는 젊은 여성이 되었죠. 도대체 어머니는 그곳에서 정확히 무엇을 경험한 걸까요? 어머니는 무엇 때문에 어머니 같은 여성이 되었을까요? 어떻게 인간이 된 거죠? 오늘 아침까지는 나노 몰랐던 것들입니다.

소크라테스는 일반교양 교육에서 요구되는 인간이 되는 기술은 자기 인식에서 시작된다는 걸 알았어요. 니체가 자기 인식이란 '우리를 양육하고, 교육한 사람들'로부터 시작된다는 걸 깨달았을 때, 그는 마르쿠스 아우렐리우스 황제가 한 자기 성찰의 한 부분을 떠올렸을 겁니다. 철학자 황제라는 영예로운 칭호를 진실로 내세울 수 있는 유일한 인물로, 할아버지와 할머니, 어머니, 의붓아버지, 교사, 친구, 철학자로부터 배운 것을 살펴보는 것으로 《명상록》을 시작합니다. 지금의 가족 구조는 로마 황제 시대와는 다소 다르지만, '우리를 양육하고, 교육한 사람들'은 대부분 부모일 겁니다.

하지만 어머니는 내게 자신이 겪은 과거 전쟁에 대해서 아무 말도 하지 않았고, 앞으로도 그럴 겁니다. 20년도 더 전에 돌아가셨으니까요. 어머니의 다섯 형제에게도 물어볼 수 없어요. 네 분은 이미 돌아가셨고, 가장 젊은 분도 캐나다에 사는 데다 치매에 걸렸거든요. 네 명의 자매 중 한 분은 돌아가셨고, 또 다른 한 분은 중병을 앓고 있으며, 팬데믹 때문에 비행기를 타고 갈 수 없는 캘리포니아에 살고 있어요.

다행히 다른 두 이모가 아직 살아 계시고, 멀지 않은 네덜란드 브라반트 지방에 살고 있습니다. 가족들끼리는 린이라고 부르는 레니 이모는 현재 93세로, 어머니의 큰 언니입니다. 가족들은 비스라고 부르는 루이즈 이모는 87세로 어머니의 여동생이고, 지금은 병 때문에 체중이 46kg까지 줄었죠. 이모들은 고령인 데다 루이즈 이모의 몸이 허약하기는 하지만, 두 분 모두 정신이 건강하며, 놀랍도록 활력이 넘칩니다. 팬데믹 때문에 더욱 심각해진 고립 속에 내가 전화로 한 제안 덕분에 거기에서 벗어날 수 있겠다고 기뻐하며 흔쾌히 제안을 수락했어요. 두 분이 고른 장소에서 즐겁게 대화를 나누고, 사과 파이와 함께 전형적인 네덜란드식 커피를 즐기려고요. 오늘 아침 9시에 나는 두 이모의 보행 보조기를 싣고, 루이즈 이모가 원하는 에인트호번 시 외곽의 뉘넌이라는 인근 마을로 운전해서 갔습니다. 그곳에서 나는 어머니가 평생 침묵했던 일들에 관해 말해 달라고 부탁하려고 했어요.

뉘넌으로 가는 길을 따라 흔들리지 않는 의장대처럼 서 있는 초록색으로 물든 포플러나무들이 있었습니다. 들판에는 이미 1m가 넘게 자란 끝없이 펼쳐진 옥수수밭 옆에 황금빛 노란 물결이 일고 있었어요. 두어 군데 밭에는 감자가 자라고 있었고, 곳곳에 흩어져 있는 농가 옆에는 말과 갈색 소 몇 마리가 작은 목초지에서 풀을 뜯고 있었습니다. 멀리에는 풍력 터빈의 우뚝 선 실루엣이 보였고요. 차가 거의 다니지 않고, 이미 아름다운 풍경에 활기 넘치는 여름 햇살이 더해지며 평화로우면서도 고요함을 더했는데, 140년 전에 빈센트 반 고흐가 그린 그림 덕분에 이 풍경은 세계적인 불후의 명성을 얻었습니다. 마치 그때 시간이 멈춘 것처럼 아무것도 변하지 않은 듯했습니다.

1884년과 1885년, 2년 동안 반 고흐는 이곳에 살았습니다. 그 2년간 〈감자 먹는 사람들(나의 첫 번째 걸작)〉을 포함해 그가 남긴 작품의 4분의 1에 달하는 작품을 그렸고, 아주 많은 편지를 썼습니다. 반 고흐가 그린 작품 대부분이 그대로 남아 있는 뉘넌은 야외 미술관으로 바뀌었고요. 그의 아버지가 목사로 있던 자그마한 개혁파 교회 그림은 아버지가 갑자기 돌아가시고 편찮으셨던 어머니를 위로하기 위해 그린 것이며, 그의 부모님이 살았던 목사관과 풍차, 극심한 빈곤 속에 산 방직공들이 사용했던 코스터스하우셔와 그들이 만든 수공예품은 반 고흐의 다양한 그림과 드로잉의 주제였습니다.

평소 이맘때면 마을은 관광객들로 붐비는데 오늘은 매우 조용했어요. 우리가 갔을 때 운이 좋게도 빈센트 여인숙이 열려 있었고요. 삼각형 형태의 공원 가장자리 바깥에 앉아 가로질러 있는 음악당을 보는데, 마치 전쟁 기간으로 거슬러 올라가는 듯했고, 공원의 끝자락에 있는 바위 위에는 세계적으로 유명한 마을 주민의 동상이 서 있었습니다. 마침내 우리 세 사람은 나이 지긋한 이모들이 고대하던 커피와 애플파이를 즐길 수 있었어요.

나는 루이즈 이모가 뉘넌에 가자고 한 이유가 궁금해졌습니다.

이모는 이렇게 답했어요.

"전쟁이 끝나고 1950년대 후반에 우리가 에인트호번에 둥지를 틀고 일을 하러 왔을 때, 네 어머니인 코리와 나는 일요일과 화창한 여름 저녁에 자주 이곳에서 자전거를 탔어. 도시를 벗어나 이런 아름다운 풍경을 자전거로 달려 마을에 도착하면 우리에게 새로운 삶이 시작됐다는 게 느껴졌거든. 전쟁으로 모든 걸 잃은 뒤였지만, 자전거를 타고 이 마을로 올 때면 우리는 세상이 얼마나 아름답고, 평화로울 수 있는지 다시 느낄 수 있었던 거야. 마을에 도착하면 차를 마시거나 산책을 했고, 자유를 만끽한 다음 자전거를 타고서 에인트호번으로 돌아가고는 했지.”

“코리는 너보다 먼저 이곳에 왔어, 비스.” 큰이모가 말했습니다. “네 엄마는 늘 어딘가 반항적이었지.” 레니 이모가 나를 바라보며 계속 말을 이어 나갔어요.

“우리 형제자매 중에 네 엄마가 가장 독립적이었는데, 스물다섯 살 때 화물선을 타고 자바에서 로테르담까지 혼자 여행했단다. 그 배에서는 누구나 청소나 요리 같은 일을 하면 아주 적은 비용으로 여행을 할 수 있었거든. 코리는 1956년 1월에 떠나, 네덜란드에 도착해서는 에인트호번에 있는 DAF라는 자동차 공장에서 타이피스트 겸 속기사로 일했어. 비스와 어머니, 우리 형제자매들은 2년이 지나고 네덜란드에 왔지. 난 인도네시아에 있는 게 더 좋았거든. 그때 일본군 수용소에 있었던 테오와 난 그곳에서 결혼했고. 우리 첫애가 태어난 곳이기도 하단다. 인도네시아는 나의 새로운 고향이 되었어. 하지만 정치적 문제로 우리는 코리를 따라 네덜란드로 돌아와야 했어. 테오가 부흐트에 있는 정육점에 일자리를 구해서 우리는 거기에서 살았고. 다른 가족들은 코리처럼 에인트호번으로 갔어.”

루이즈 이모는 실타래를 풀 듯 다시 이야기를 이어 나갔습니다.

"뉘넌에 오니 네 엄마가 우리와 함께 여기에 있었을 때 반 고흐에 관해 이야기하는 걸 좋아하던 게 생각나네. 내가 아직 인도네시아에 있었을 때 네 엄마가 반 고흐에 빠졌거든. 코리는 반 고흐가 쓴 편지들을 읽었고, 그의 삶을 속속들이 알고 싶어 했는데, 그와 그가 그린 그림 속의 단순하고, 가난하지만 열심히 일하는 이들과 그들의 신실한 믿음에 유대감을 느꼈어. 여기 뉘넌에서 만든 반 고흐 그림엽서도 소소하게 모았지. 그중에서 〈감자 먹는 사람들〉을 가장 좋아했는데, 알고 있니?"

"누구든 그렇겠죠."라고 답했습니다. "바로 저기 있네요."라고 하며, 나는 공원의 우리 바로 앞 탁자에 있는 다섯 인물 동상을 가리켰어요. 그 동상은 감자를 먹는 농민 가족의 유명한 그림을 재현한 것이었죠.

루이즈 이모는 그 동상을 보고 어깨를 으쓱하며 무미건조하게 말했어요.

"저건 그림이 아니잖니. 네 엄마와 〈감자 먹는 사람들〉의 굉장한 이야기를 해 줄게. 레니 언니가 말했듯이 네 엄마는 자동차 공장에서 타이피스트 겸 속기사로 일했어. 그 부서에는 공장 생산라인에서 일하는 사람들에게 항상 경멸적인 투로 말하는 상사가 있었거든. 항상 폄하하듯이 이런 식으로 말했지. "땀 흘리며 일하는 감자 먹는 저 사람들 좀 보세요." 코리는 생산라인에서 열악한 임금을 받고 일하는 사람들을 계속 무시하는 게 너무 짜증이 나서 무례한 상사에게 자기 의견을 확실히 말해야겠다 싶었어. 상사의 생일 선물로 감자처럼 생긴 크림 케이크를 샀고, 선물까지 포장했지. 네 엄마가 나무 액자에 넣어 놓았던 그림엽서가 선물이었고. 그림의 제목이 적힌 아래쪽에는 '단순함 속의 아름다움'이라는 라벨을 붙였어. 그 여자 상사는 전혀 고마워하지 않았지. 하지만 네 할머니는 그 이야기를 듣고 좋아하셨어. 우리가 늘 먹던 밥 대신에 감자를 먹을 때면 이렇게 말씀하셨단다. '감자를 먹는 걸 자랑으로 생각해, 맛있게 먹으렴!'"

"우리가 수용소에서 배운 게 바로 그거야."라고 레니 이모가 말했습니다. "우리는 모두 평등하고, 같은 사람이라는 것. 유일한 차이는 좋은 사람과 나쁜 사람의 차이일 뿐."

이모들에게 일본군 수용소에서의 시간에 관해 물어볼 수 있는 완벽한 순간이었지만, 그 전에 알고 싶었던 걸 먼저 물었습니다.

"전쟁이 끝나고 나서 왜 에인트호번으로 갔어요? 미적으로나 역사적으로 유명한 것도 아니고, 별로 유쾌한 곳도 아니잖아요."

루이즈 이모와 레니 이모는 그게 무슨 어리석은 질문이냐는 듯 날 봤어요. 그리고 한 단어로 답했죠. 일! 전 세계의 모든 가정처럼 외가인 판 블리에츠 집안도 삶의 행로를 결정할 때 한 가지만 고려한 겁니다. 일자리를 찾을 만한 곳이요.

할아버지인 페테르 판 블리트르는 로테르담에서 선박을 제조했습니다. 그곳에서 할아버지는 재봉사였던 마리쩌 판 티켈호븐과 결혼했어요. 제1차 세계대전 이후 대공황이 닥쳤을 때, 페테르 판 블리트르는 일자리를 찾으려고 가족과 함께 네덜란드령 동인도 제도로 이주를 결정했어요. 어머니가 태어나고 겨우 몇 달 만에 배 한 척이 어머니를 새로운 세계로 데려간 거죠. 반둥에서 할아버지는 위생 부서의 장이 됐어요. 1930년대에 찍은 사진에는 젊고, 행복한 가족의 모습이 담겨 있더군요. 하지만 1942년에 일본이 네덜란드령 동인도를 점령하면서 그곳의 모든 네덜란드인은 수용소에 갇혔는데, 여성과 어린이는 여성 수용소에, 남성과 소년은 남성 수용소에 감금됐어요. 어머니의 형제 중 첫째와 둘째 삼촌은 버마로 보내져 버마 철도 부설 공사에서 강제 노역을 했고요.

여러분, 버마 철도 건설은 제2차 세계대전 역사에서 중요한 사건입니다. 간단히 말하면, 인도 침공을 위해 일본군은 버마에서 태국까지 군대와 물자를 수송하기 위한 철도가 필요했거든요. 철도는 415km 길이로 사람이 살기 힘든 열대 지형을 통과하는데, 고전 영화 〈콰이강의 다리〉에서처럼 다리가 놓여야 하는 강이 있었죠. 매일 수십 명의 전쟁 포로와 강제 노역자들이 일본군의 잔인함과 탈진, 콜레라나 말라리아, 이질 등의 질병으로 사망했습니다. 노예 노동이 동반되었던 그 프로젝트는 죽음의 철도로 역사에 기록됐죠. 수십만 명의 목숨을 앗아갔고요. 어머니의 형제들인 욥과 페테르

판 블리트 주니어는 살아남았습니다. 다행히도 할아버지와 할머니도 살아남으셨고, 어머니의 다른 형제자매들도 3년간의 수용소 생활 끝에 살아남았어요.

1948년 4월, 판 블리츠는 더 오라녀 여객선을 타고 인도네시아를 떠나 몇 달 후에 네덜란드에 도착해 새로운 삶을 시작하려 했습니다.

전쟁으로 인해 고등 교육을 받지 못한 어머니는 가정 학습 학교에 다녔습니다. 하지만 2년 후인 1951년에 온 가족이 다시 같은 배인 더 오라녀를 타고 인도네시아로 돌아갔어요. 네덜란드는 히틀러 독일에 5년 동안 점령되었고, 네덜란드 동인도 제도에 사는 동포가 겪은 것에 대해서는 어떤 관심이나 이해가 없었거든요. 지배적인 태도는 이랬죠.

"당신은 다른 곳에 있었으니 물러서세요. 한때 당신 것이었더라도, 이제 우리 것이에요."

1931년에 가족과 함께 이민 가면서 페테르 판 블리트가 빌려주었던 집은 압수되어 돌려받지 못했습니다.

인도네시아로 돌아온 어머니는 독립하겠다는 열망을 품고, 터치 타이핑과 속기를 마스터하는 과정은 물론 기본 영어 과정도 수강했어요. 1954년에는 1949년에 설립된 인도네시아 항공사인 기루다에서 승무원으로 일하기 시작했죠. 1956년 1월에 항공사를 그만두고, 자신의 길을 찾기 위해 네덜란드로 돌아왔고요.

그 후 몇 년 동안 가족은 전 세계로 흩어졌습니다. 두 명의 자매와 한 명의 형제는 부자가 되겠다는 꿈을 품고 캘리포니아로 떠났고, 다른 두 명의 형제는 캐나다로 일하러 갔으며, 또 다른 두 명의 형제는 루이즈 이모와 레니 이모, 어머니처럼 네덜란드에서 일자리를 찾았어요. 10명의 형제자매 중 7명이 기회가 오자마자 위험과 불확실성을 모두 감수하고서 자신만의 작은 회사를 차린 건 우연이 아닙니다. 10명의 판 블리트의 자녀는 예외 없이 19세기와 20세기 초의 이민자를 다룬 오래된 미국 영화 속 이상적 사고방식을 가졌습니다. 무일푼이나 적은 돈으로 시작해 이런 모토로 그들만의 새로운 인생을 꾸렸거든요.

"열심히 일해도 안 죽는다! 징징거리고, 불평하는 건 전혀 좋을 게 없다! 절대 포기하지 마라! 내가 가장 사랑하는 건 내 자유다!"

편지

2020년 6월 19일

친애하는 동료들에게,

이곳의 여름 저녁은 참 길지만, 어머니로부터 배운 인간이 되는 기술 이야기를 속속들이 하려면 부족하겠어요. 최근 몇 주간 '새로운 불안의 시대'라는 2020 넥서스 콘퍼런스를 준비하는 데 모든 시간을 쏟느라 펜을 놓아야 했군요. 팬데믹으로 이 주제는 더욱 시사적이며 시급한 것이 되었지만, 콘퍼런스를 조직하는 데 있어 가장 큰 걸림돌이기도 했습니다. 전 세계의 국경이 폐쇄됐는데 어떻게 해외의 게스트 14명을 암스테르담으로 부르겠어요? 11월에 있을 콘퍼런스에는 얼마나 많은 사람이 참석하고요?

우리 콘퍼런스는 암스테르담 국립 오페라 극장의 무대에서 '지적 오페라'의 형식을 취하는 것인데, 생생하고 즉흥적인 대화나 토론, 때로는 열띤 논의로 6명에서 8명의 명석한 이들이 제기되는 주제에 대해 자신만의 생각을 펼칠 겁니다. 생각의 교환을 고양시키고, 논리정연하게 만들기 위한 최선의 준비는 모든 발표자와 좋은 대화를 오래 나누는 것이죠. 하지만 국경이 폐쇄되는 바람에 EU 외부에서 오는 사람들을 만날 수 없고, 영상 통화로 대화하는 것은 실제로 만나는 것을 대체할 수 없다는 걸 몇 번이고 깨달았습니다.

한편 '새로운 불안의 시대'라는 주제는 팬데믹에서 시작된 것이 아닙니다. 12월에 이 주제가 선택됐을 때만 해도 팬데믹이 시작되기 전이었거든요. 지금 세계를 불안하게 만드는 바이러스는 6개월 전만 해도 중국 내부의 문제 같아 보였죠. 그러니 아닌 겁니다. 이 주제를 넥서스 안건에 포함하기로 결정한 것은 다른 사회적 현상 때문이었어요. 현재 미국 선거로 인해 떠오르는 불안을 떠올려 보세요. 트럼프가 재선이 된다면 어떻겠습니까? 혹은 자신은 언제나 승자라고 생각하는 과대망상을 가진 그가 패배하는 상황이라면요? 안타깝게도 미국에서는 그런 가능성은 크게 고려하지 않아요. 대다수의 정치인들과 지식인들은 트럼프가 현대 파시즘의 대표적인 전형임을 여전히 인정하지 않거든요. 그들이 그걸 깨닫는다면, 역사 속에서 그 어떤 파시스트 지도자도 조용히 정치 무대를 떠난 적이 없다는 걸 알게 될 겁니다. 미국의 힘과 영향력은 너무나 커서 그곳에서 일어나는 일을 무시할 수가 없어요.

우리는 기후 위기에 대한 두려움이 점점 커지고 있는 것을 당연하게 여깁니다. 하지만 이제는 '기후 위기'라는 용어, 혹은 노골적으로 완곡하게 표현한 기후 변화를 기후 재앙이라는 개념으로 대체해야 할 때가 아닐까요? 폭염, 홍수, 대규모 산불, 수확 실패로 인한 기아 등의 발생이 점점 더 잦아지는 걸 보면, 이 말이 더 적절한 묘사인 것 같습니다.

여기에 사회적 긴장, 경제적 불평등, 불확실성에서 비롯한 두려움이 더해집니다. 솔직히 말해서 멕시코에 있는 여러분의 상황이 어떤지 전혀 모르지만, 미국과 이곳 유럽에서는 우울증과 번아웃, 스트레스와 같은 불안 증상이 마치 전염병처럼 퍼지고 있어요. 라이온 킹의 걱정하지 말라는 유쾌한 노래인 〈하쿠나 마타타〉의 만트라는 거의 찾아볼 수 없죠. 여러분이 해당될지도 모르는 예외도 물론 있지만, 그걸 제외하고는 이것이 우리가 젊은 세대를 바라보는 일반적인 모습입니다. "걱정하지 마세요"는 두려움을 완전히 거부하는 것이 되어 버렸어요. 물질적 성공을 향한 도피와 다수가 되려는 욕구, 산만함과 자극, 오락에 대한 육체적 욕구, 침묵에 대한 두려움으로 표현되죠.

먼저 불안을 극복하지 않고는 결코 완전하고, 지유로우며, 지적으로 독립적인 사람이 되어 존엄한 삶을 살 수 없다는 걸 깨닫기 위해 심리학자가 될 필요는 없습니다. 그럼 우리는 어떻게 불안을 극복할 수 있을까요? 그 불안으로 인한 마비는 어떻게 극복하죠?

올해의 넥서스 콘퍼런스 주제인 '새로운 불안의 시대'가 내 어머니의 삶의 많은 부분에 깊이 관련되지 않았다면, 내가 왜 여기에 몰두했는지 여러분에게 말하지 않겠죠. 불안과 죽음의 공포로 몰아넣는 곳이 있다면, 그곳은 포로가 되어 경비병들의 잔인한 폭정과 변덕을 끊임없이 마주해야 하는 전쟁 수용소일 겁니다. 두 이모와 어머니가 어떻게 불안을 극복했는지 알고 싶었던 또 다른 이유고요.

이모들과 함께 커피와 애플파이를 먹으며 풀고 싶었던 또 다른 수수께끼가 있었습니다. 불안의 시대를 연구하면서 내가 읽은 책 중에 정신분석가이자 유럽의 인본주의자인 에리히 프롬의 작품이 있어요. 1941년에 처음 출판된 책인 《자유에 대한 두려움》에서, 그는 전쟁이 두려움을 낳지만, 불안의 시대 속 불안도 전쟁을 일으킨다고 설득력 있게 풀어냅니다. 독재자들은 거짓된 메시아가 되어 통치하는데, 선동과 선전, 거짓말로는 결코 정의롭고, 조화로운 사회를 건설할 수 없으니, 전쟁이나 내전은 불가피한 것이 되죠.

'거짓된 메시아'라고 한다면, 브라질의 오브라도르 대통령이 그 전형이겠군요. 그는 매일 아침 한 시간이 넘게 쓸데없는 설교를 한다죠. 마약 카르텔의 범죄자들을 받아들이라는 사이비 종교적인 호소를 하고요. 가난한 사람들에게 돈을 줘서 그들의 지지를 사는데, 교육과 문화를 위한 자금에서 빼낸 돈이니, 그들을 우둔하게 만들려는 속이 뻔한 정책을 하는 겁니다. '국민의 적'이라는 새로운 주간

목록에는 자칭 '민중의 구세주'를 비판하는 사람들도 포함돼 있어요. 물론 그는 억만장자이면서 파시즘에 뿌리를 둔 흑인 가톨릭 신자 집단인 그리스도 군단의 관대한 지원에 기댑니다. 안타깝게도 거짓과 선전이라는 고전적인 전술을 사용하는 다른 정당들이 너무 부패했거나 무능해서 오브라도르와 같은 인물이 아주 쉽게 권력을 잡을 수 있는 겁니다.

하지만 프롬은 두려움에 사로잡힌 사회와 달리 건전한 사회는 사람들에게 인간이 되는 것, 정신적으로 발전하는 것을 격려하기 때문에 평화의 가능성이 있다고 믿었습니다. 그런 개인은 과감하게 있는 그대로의 자신을 드러내고, 선택에 신중하며, 자연과 인류를 사랑하고, 창조적인 힘을 통해 자신의 존재를 의미 있게 만들고, 사회를 조화롭게 하죠. 프롬은 두 번의 세계대전 이후 역사의 가르침을 얻었으니, 사회는 적어도 갈수록 건전해질 것으로 가정했습니다. 그러나 2차 세계대전이 끝난 지 10년 후인 1955년에 그는 이런 결론을 내릴 수밖에 없었어요.

"지금까지의 우리는 실패했습니다. 사람들은 무엇보다도 자기 자신이 되는 것을 두려워하며, 독립적인 사람보다는 끊임없이 적응하는 로봇처럼 행동하는 걸 선호하죠. 사존김은 어떤 사람인지가 아니라 물질적 성공과 사회적 명성으로 정해집니다. 개인의 가치는 시장 가치화되었고, 자존심은 사랑하고, 생각하며, 창조하는 능력보다는 돈을 얼마나 버는지에 달려 있어요. 그런 선망의 성공에 이르는 최단 경로는 '사람들이 생각하는 것'에 맞추고, 소비와 오락의 도움을 받아 공허함과 그에 따른 두려움을 외면하는 것입니다. 그 방법이 더는 불가능하고, 두려움이 시한폭탄이 되어 터질 때까지요."

프롬의 사회적 성격 분석은 현대에도 적용할 수 있습니다. 하지만 나는 그 책에서 1955년에 25세였던 어머니를 찾지 못했어요. 어머니는 오히려 70세까지 살았으며, 평생 에리히 프롬이 묘사한 건전한 사회 속 개인의 완벽한 보기였죠. 어머니는 어떻게 순응주의와 물질주의 시대 정신에서 벗어날 수 있었을까요?

일주일 전에 나이 든 두 이모들과 함께 빈센트 반 고흐가 머물렀고, 어머니가 전쟁 후 행복한 시간을 보냈던 뉘넌 마을의 햇볕이 잘 드는 테라스에서, 나 역시 그 질문에 대한 답을 찾고 싶어 이모들에게 물었습니다. 어머니가 내게 한 번도 말하지 않은 그 시간, 어머니가 인간이 될 수 있었던 이유를 설명할 수 있는 일본군 포로수용소에서의 시간에 대해 말해달라고요. 78년 전, 루이즈 이모는 9살, 레니 이모가 15살이었을 때요.

레니 이모가 오래전 이야기를 꺼냈습니다.
"1942년에 일본군이 쳐들어왔을 때, 네덜란드인 모두가 수용소에 갇혔어. 남자와 여자는 분리되었고. 욥이나 페테르처럼 젊고 힘센 남자들은 버마로 끌려갔지. 첫 수용소는 반둥에 있었는데, 우리가 원래 살던 곳이었어. 몇 달 후에는 수백 명의 다른 여자들과 함께 소처럼 화물 기차에 실려 바타비아로 끌려갔고. 그곳에서 우리는 어머니와 다섯 자매, 갓 태어난 아기였던 테오와 함께 테이뎅에 도착했어. 수용소는 대나무로 된 높은 벽에 철조망을 쳐서 바타비아의 나머지 지역과는 단절되었고, 감시탑도 중간중간 있었어. 크지는 않았고. 작은 집들이 있는 길이 열두 개가 난 곳인데, 보통 같으면 인구가 천 명도 안 되는 곳이었어. 우리가 도착하니 여자만 수천 명이 됐지만. 1944년 후반에는 만 명을 넘었고.

우리가 살던 작은 집은 49명의 여자로 바글거렸어. 우리 방에는 매트리스 몇 개가 다였지. 수돗물도 없었고, 화장실도 없었어. 음식조차 없어서 아침에는 빵 한 조각, 저녁에는 밥 한 스푼에 설탕 조금이 다였고, 운이 좋으면 감자 하나를 먹었어. 가장 큰 걱정은 막냇동생인 테오에게 먹일 우유를 구하는 거였어. 하루에 두 번 점호를 받았는데, 큰 광장인 콤풀에 모두가 질서정연하게 줄을 맞춰 서야 했어. 그게 몇 시간이고 이어지기도 했는데, 더위 속이나 빗속이나 똑같았지. 일본군에게 있어 우리는 노예로서 그들에게 경의를 표해야 하는 열등한 존재였을 뿐이야. 일본군을 만날 때마다 발뒤꿈치를 모으고 곧게 서서 깊숙이 허리를 숙여야 했어. 그렇게 하지 않거나, 허리를 충분히 숙이지 않으면, 총으로 때리거나 콧속에 손가락을 찔러넣어 코가 부러질 때까지 돌렸어. 우리가 가지고 있던 것도 모두 뺏겼지. 그러다 한 번, 한 여자가 기록물을 모은 걸 숨긴 게 그들에게 들켰어. 그 여자는 광장 기둥에 묶였고, 맨다리에 LP판을 던져 다리가 찢어지고, 피를 흘려서 의식을 잃어 쓰러질 때까지 모두가 지켜봐야 했어. 광장에 있던 그 기둥은……."

루이즈 이모는 언니인 레니 이모가 말하는 동안 고개를 끄덕였고, 이렇게 덧붙였습니다.

"소네이가 수용소 사령관이 되면서 상황은 더 악화됐어. 그자는 사디스트였는데, 세상 최악의 사디스트였지."

내 의심쩍어하는 표정을 본 레니 이모가 이유를 알려 줬습니다.

"켄이치 소네이는 군영의 불한당이었는데, 전쟁이 끝난 후에 전범으로 처형됐어. 미치광이가 따로 없었지. 보름달이 뜨면 분노에 차서 공격해댔고, 더 잔인하게 굴었어. 여자들을 기둥에 묶어 24시간을 물도 없이 뜨거운 태양 아래에 방치했지. 자기 기분이 나쁘면 여자들 머리를 빡빡 밀기도 했어. 점호 중에 뭔가 문제가 생기면 모두에게 3일 동안이나 음식을 주지 않는 벌을 주기도 했고."

나이 많은 이모들이 수십 년간 마음속에 깊이 묻어두었던 기억, 끔찍한 그 기억들이 수면 위로 떠 올라 마치 고통과 슬픔이 담긴 듀엣을 부르듯 둘은 번갈아 가며 말했어요.

루이즈 이모가 말했어요.

"그는 사디스트였어. 최악의 사디스트. 사람과 동물을 다 싫어했거든. 우리가 강아지 세 마리와 노는 걸 보고는 그가 지켜보는 앞에서 우리에게 강아지들을 때려죽이라고 했다니까. 그의 말대로 안 하거나, 마음에 들 만큼의 시간 동안 안 하면, 우리를 죽도록 때렸어."

레니 이모가 말했어요.

"빵이 가득 담긴 수레를 밀고 있던 여자들이 소네이에게 허리를 깊이 숙이지 않은 거야. 그에 대한 벌로 여자들에게 도랑을 파고, 거기에 빵을 다 던진 후에 두꺼운 모래로 겹겹이 덮게 했어. 또 3일 동안을 아무것도 먹지 못했지. 그날 밤에 어두워지고 나서 한 어린아이가 아픈 엄마를 위해 빵 한 조각을 파내려다가 그 자리에서 총에 맞아 죽었어. 굶주림. 우리는 항상 굶주렸지. 너무 많은 여자와 어린이가 기아로 인한 부종으로 병에 걸렸어."

루이즈 이모가 말했어요.

"아니면 이질이나 말라리아. 특히 수용소가 몇 달간 포화상태였는데, 하나의 큰 배설물 더미이자 개방형 하수구, 오물이 여기저기 떠다니는 곳이 되었지. 악취가 아주 지독했어. 쥐들도……."

레니 이모가 말했어요.

"우리는 매일 시체를 치워야 했어. 계속 더해지기만 했지. 죽음에 둘러싸여 있었던 거야."

루이즈 이모가 말했어요.

"나는 새들이 지저귀는 소리를 듣거나 꽃이 피는 걸 보면 행복했어."

레니 이모가 말했어요.

"우리는 함께 앉아 있을 때면 조용히 노래를 부르기도 했어."

루이즈 이모가 말했어요.

"우리는 많은 상상을 했어. 항상 음식에 관한 거였지만. 전쟁 후에 먹을 20가지 쌀 요리가 놓인 식탁 이야기를 늘어놓는 거야."

레니 이모가 말했어요.

"그런 상상도 하지 않았다면 살아남지 못했을 거야. 믿음도 마찬가지고. 수용소의 불한당이었던 소네이가 오기 전에는 교회 예배가 있었어. 그가 수용소 사령관으로 임명되고 나서는 그것도 끝났지만. 교회 예배는 더 이상 없었어. 그 악마는 우리가 성경책을 갖고 있는 것도 못 하게 했거든."

루이즈 이모가 말했어요.

"그래도 매일 저녁 주변에 일본군이 없을 때면 삼종기도를 드렸어."

레니 이모가 말했어요.

"성모송을 말하는 거야."

루이즈 이모가 발끈하며 말했어요.

"그렇지만 삼종기도라고 해. '주님의 천사가 마리아께 아뢰니……'로 시작하니까. 미사 때 외우는 것이기도 하고."

레니 이모가 말했어요.

"그것도 다 옛날이야기야, 비스. 우리 같이 다 늙은 가톨릭 신자가 아니면 누가 알겠니?"

루이즈 이모가 의기양양하게 말했어요.

"교황님!"

레니 이모는 동생인 루이즈 이모가 귀찮게 굴어도 반응하지 않았어요. 이모는 아주 오래전, 일본군 수용소에 갇힌 15살의 소녀였을 때인 80년 전을 떠올리고 있었을 겁니다. 침묵이 흘렀어요.

　루이즈 이모가 삼종기도에 대해 매우 힘을 주어 말했고, 빈센트 반 고흐가 살았던 세상에서 이야기를 나누어서 그런지, 반 고흐가 감동을 받았다던 장 프랑수아 밀레의 〈만종〉의 이미지가 갑자기 떠올랐습니다. 파리의 오르세 미술관에는 뉘년 마을 출신 화가의 작품이 많이 걸려 있는데, 밀레의 〈만종〉도 전시되어 있어요. 어느 날, 가을 해가 지던 저녁 6시경, 젊은 농부 부부가 감자를 수확하던 들판에 서서 성모송을 바치는 장면이요.

　빈센트 반 고흐는 편지에서 기도하는 두 인물이 일깨우는 단순함, 진지한 경건함에 자신이 얼마나 깊은 인상을 받았는지 적었습니다. 뉘년의 가난한 직공과 농장 노동자들에게서 자주 보았던 경건함을 보았죠. 이는 그의 관점에서 그의 아버지가 목사로 있던 교회의 교조주의와는 완전히 반대되는 깊은 신앙의 표현이었어요. 그는 동생 테오에게 이렇게 썼습니다.

　"교회에서 사람이 냉담해지고, 무감각해지는 것은 당연해. 내가 경험해서 알아. 성직자들의 하느님, 그분은 나에게 죽은 사람이나 다름없어."

　어머니의 생각도 빈센트 반 고흐와 크게 다르지 않았을 것이며, 아마 그래서 밀레의 〈만종〉을 떠올리면 어렸을 때 어머니가 성모송을 외우던 모습이 농부 여성과 겹쳐 보이는 것이겠죠. 거기에다 레니 이모와 루이즈 이모가 말해 준 이야기 때문인지 온갖 생각이 전류처럼 나를 휩쓸었습니다. 권위주의적 행동에 대한 어머니의 혐오감, 그것에 대한 자연스러운 반항, 그 누구에게도 절대 머리를 숙이지 않던 것이 갑자기 이해됐어요. 어머니는 불의라고 하면 일단 저항했고, 스스로를 지키지 못하는 이들을 걱정했어요. 변덕스럽거나 자만심에 취한 것들에는 알레르기 반응을 일으켰고요. 어머니는 돌아가시기 전 20년간 건강이 안 좋았고, 집보다 병원에서 뵙는 날이 많기도 했지만, 믿기 어려울 정도로 계속 살겠다는 의지를 보였고, 어떤 고통에도 불평하는 일이 없었습니다.

레니 이모가 침묵을 깨고 말했어요.

"내 나이가 아흔셋이야. 살날이 얼마 없어. 이상하게 들릴 수 있지만, 긴 삶의 끝자락에 와 보니 인생에서 당연하게 받아들여서는 안 되는 것이 무엇인지 알았던 게 내게 얼마나 큰 도움이 되었는지 모른다. 자유는 물론 음식, 건강, 정의, 삶조차도 당연한 것으로 여기면 안 돼. 이 모든 게 얼마나 가치 있고, 또한 잃기 쉬운지를 자각하는 데 큰 도움이 돼. 대학에 가는 것도 그래! 너와 네 세대는 공부할 수 있었지. 우리는 일본군 수용소가 대학이었어. 그 후에는 생계를 유지하려고 일을 했으니까."

"또한 두려워하지 않는 법도 배웠단다." 레니 이모가 잠시 멈췄다가 덧붙였습니다.

"두려워하지 않는다고요? 어떻게요?" 나는 놀라서 물었어요.

"기도야. 우리는 하느님을 믿었어. 일본군의 힘보다 무한히 큰 힘, 권능." 레니 이모가 답했고, 루이즈 이모는 맞는다는 듯 고개를 끄덕였어요.

권능, 무한히 큰 힘…… 이전에 들어 봤을 수도, 전쟁이나 투옥이라는 같은 맥락에서 읽은 적이 있는 것 같군요. 프리모 레비는 어떻게 아우슈비츠에서 살아남았는지를 담은 책인 《이것이 인간인가》에 그런 경험을 썼습니다.

멕시코에 있는 여러분, 여러분도 그 책을 알 거예요. 그는 프랑스 친구이자 함께 포로로 있던 장에게 단테의 《신곡》 중 〈지옥 편〉으로 가르쳐 주고 싶었던 이탈리아어 단어들에 관한 에피소드를 이야기합니다. 〈지옥 편〉의 26번째 칸토는 단테가 그리스의 영웅 율리시스를 만나는 이야기로, 레비의 친구가 꼭 듣고서 이해해야 하고, 아우슈비츠에서만이 아니라 평생 잊지 말아야 할 구절이 있습니다.

너희는 자신의 타고남을 숙고해야 한다.
짐승처럼 살고자 태어난 것이 아니라
덕과 양심을 추구하기 위해 태어난 것이니라.

문득 이 구절이 생각난 레비는 이렇게 썼습니다.

"나 역시 처음 듣는 구절 같았다. 나팔 소리 같았고, 하느님의 음성 같았다. 잠시 내가 누구인지, 어디에 있는지 잊어버렸다."

레비가 아우슈비츠라는 지옥에서 자신의 현실을 초월하는 진실과 그를 고문하는 자들보다 무한히 더 큰 힘을 깨달은 것은 오래전에 마음에 새겼던 단테의 시 속 이 구절 덕분이었습니다. 단테가 말한 잊지 못할 이 진실은 나치도 죽일 수 없는 그의 영혼의 진수에 관한 것이기 때문입니다. 그 순간부터 레비는 두려움을 이겨내고 자신이 이 지옥에서 살아남을 것이란 걸 알았고, 그의 친구도 그렇기를 바랐습니다.

폴란드계 유대인 시인인 알렉산데르 와트는 전쟁 중 스탈린에 의해 모스크바에 있는 악명 높은 루뱐카 감옥에 투옥되었을 때 똑같은 경험을 했습니다. 크렘린에 사는 절대 권력자의 망상증 때문에 누구든지 목숨이 위태로웠죠. 《나의 100년》이라는 그의 회고록 중, 봄이면 수감자들에게 감옥 옥상에서 잠시 야외 운동을 하는 게 허용되었는데, 어느 날 갑자기 이웃 건물에서 요한 제바스티안 바흐의 음악이 들려왔던 이야기가 있습니다. 그는 그 선율을 듣고 충격에 빠져 이렇게 생각했어요.

인간의 목소리, 인간이 만든 악기, 인간의 영혼이 역사상 단 한 번이라도 영감의 화합 속 조화, 아름다움, 진리, 힘을 창조할 수 있다면, 이런 것이 존재한다면, 제국이 가진 권력은 그 얼마나 덧없으며, 보잘것없는가.

그 구절 속 더 큰 힘과 영향력에 대한 경험은 수 세기를 살아남은 위대한 예술이 지닌 생명을 불어넣는 힘을 말합니다. 그런 예술은 당연히 존재합니다. 하지만 신은요? 나는 이모들에게 물었습니다.

"어떻게 그렇게나 많은 악을 겪고도 신을 믿어요?"

루이즈 이모는 목소리를 조금 높이며 곧장 반응했어요.

"악은 존재해! 언제나 있겠지. 그렇다고 신이 존재하지 않을까? 신도 존재해. 내가 너처럼 학문적으로 지식이 많은 건 아니지만, 천국과 땅은 있어도 땅 위에 천국은 없다는 걸 깨달았을 뿐이다."

나는 이모의 거칠게 비난하는 듯한 조소적인 어조의 마지막 말에 조금 놀랐습니다. 내 질문이 신경을 건드렸나 보지만, 무엇 때문에 민감하게 반응하는지 금방 알아챌 수는 없었어요.

레니 이모는 루이즈 이모가 짜증 내는 것을 놓치지 않고 이모의 팔에 한 손을 얹고서 이렇게 말했어요.

"루이즈 언니 말은, 우리가 지식인은 아니지만 여전히 신자이기 때문에, 우리가 살고 있는 이 세상에 대해 무지하거나 눈이 먼 것은 아니라는 거야. 내가 절대 잊지 못하는 것, 우리 다섯 자매 모두가 결코 잊을 수 없었던 걸 말해 줄 테니 들어 봐."

"당시에 우리는 몰랐지만, 전쟁이 끝나기 전의 몇 달 동안이었어. 배고픔, 악취, 쥐 등 모는 게 더 심해지기민 했지. 우리를 괴롭히던 소네이는 가학성 때문인지 매일 더 폭력적으로 변했고. 몇 시간이나 계속된 점호가 끝나고 나서 우리는 한 불쌍한 여자가 그 끔찍한 기둥에서 고문과 굴욕을 당하는 걸 지켜봐야 했는데, 어머니가 우리

자매 모두를 불렀어. 다섯 명의 10대 소녀가 바닥에 놓인 매트리스 위에 다 같이 앉았지. 트리스인지 흐리트인지의 무릎 위에는 어린 테오가 앉았고. 어머니는 우리 앞의 작은 나무 의자에 앉아 계셨어. 우리는 그때까지 용기를 잃지 않으려고 정말 노력했단다. 다시 자유를 얻으면 뭘 하면서 살 건지처럼 마법 같은 꿈을 서로 이야기하면서.

하지만 당시에는…… 우리는 배고프고, 더럽고, 지쳤고, 끝이 안 보이는 불행 때문에 슬펐어. 어머니는 그걸 알고서 우리가 함께 앉아 있던 그때 이렇게 말씀하셨어.

'절대 희망을 잃어서는 안 돼. 일본군들이 원하는 게 바로 그거야. 너희를 깎아내리고, 모욕하고, 노예로 만들려는 거란다. 하지만 그렇게 하도록 둬서는 안 돼! 일본군은 우리를 굶주리게 하고, 오물 속에 살게 하고, 소리를 지르고, 때리고, 그들의 안경 낀 작은 황제에게 몇 번이고 고개를 숙이도록 강요해. 하지만 그들이 너희의 영혼까지 갉아먹을 수는 없다는 걸 기억하렴. 믿음을 버리지 마. 그게 악에 대항하는 가장 중요한 무기니까. 하느님을 믿으렴. 그분은 너희에게 계속 살아갈 수 있는 용기와 좋은 인간이 되는 힘을 주실 거야. 모든 악한 것은 다 지나가기 마련이거든. 하지만 선한 것은 영원히 남는단다. 그러니 언제나 선이 악보다 강할 수밖에. 엄마가 약속할게, 우리는 여기에서 나갈 거야. 우리 모두! 이 전쟁에서 겪은 것들 후에 다시 자유를 되찾으면 하느님은 많은 일을 하실 수 있지만, 모든 걸 하실 수는 없다는 사실을 평생 잊지 말아야 해. 하느님은 도움이 필요하셔, 너희의 도움도. 너희가 하느님을 도우면, 하느님도

너희를 도우실 거야.'

그러니 코리가 이렇게 물었어. '그럼 어떻게 하느님을 돕는데요?' '당연히 생명을 불어넣는 것이지', 어머니가 대답했어. '모든 선한 것, 아름다운 것, 사랑, 우정, 그 모든 건 생명을 불어넣는단다. 너희 는 바로 그걸 도울 수 있어.'"

수용소에서의 가장 힘들었던 순간에 어렸던 이모들에게 할머니 가 전한 인생 교훈의 기억을 다시금 떠올리자, 루이즈 이모의 눈가 가 촉촉해지는 게 보였습니다. 가족은 그 교훈과 믿음으로 오랜 삶 을 살았고, 살면서 직면한 모든 좌절과 시련을 극복할 수 있었어요. 루이즈 가장 소중한 기억이며, 할머니께서 이모들에게 준 과업, 이 모가 갖고 살아온 믿음을 내가 진지하게 받아들이지 않는다고 이모 가 생각하시는 것 같아 괜히 불안했어요. 이제는 레니 이모가 나를 쳐다보며 물었어요,

"이해했니?"

나는 고개를 끄덕이며 조용히 말했어요.

"이 이야기는 정말 처음 듣지만, 이해했어요, 아주 확실히요, 린 이모."

그때 나는 할머니의 신념이 프리드리히 실러가 30년 전쟁 당시 가톨릭 총사령관이었던 발렌슈타인의 이야기를 쓴 걸작 속 내용 과 같다는 걸 깨달았습니다. 언젠가 그는 추종자 중 한 명으로부터

'Glaub mir, In deiner Brust sinds deines Schiksals Sterne'라는 선의의 조언을 받았어요. '당신의 영혼이 그렇듯, 당신의 세계도 그러할 것입니다'로 번역되는 슬기로운 말이죠.

나는 증거나 명백한 확실성이 없기에 종교에는 믿음이 필요하다는 게 이해됐어요. 사도 바울은 〈히브리서〉에 이렇게 썼습니다.

"믿음은 바라는 것들의 실상이요, 보이지 않는 것들의 증거니."

나는 프리모 레비와 더는 신을 믿지 못하거나 그럴 수 없지만, 할머니께서 어머니와 이모들에게 가르친 것과 같은 윤리를 갖고 살아온 셀 수 없이 많은 다른 생존자들에 대한 이해와 깊은 존경심을 느꼈습니다.

동시에 이야기할 만한 인생의 경험도 없이 신은 존재하지 않음을 과학이 증명했다며 아주 독단적으로 주장하고, 고상한 척하던 나 자신의 몰이해를 깨달았습니다. 그것은 자신의 어리석음을 무엇보다도 잘 입증하는 독단주의죠. 그런 독단주의는 엔지니어이자 철학자였던 루트비히 비트겐슈타인이 오래전에 밝혔던 과학적 패러다임의 한계에 익숙하지 않으며, 모든 정신적 가치는 형이상학적인 가치이므로 과학의 영역 밖이라는 사실도 모르고, 불확실성을 다루는 자신의 무능력도 인식하지 못하니까요. 시인 존 키츠는 1817년 12월에 동생인 조지와 톰에게 쓴 편지에서 불확실성을 훌륭하게 찬양했습니다.

나는 딜케와 다양한 주제에 관해 논쟁이 아닌 탐구를 하였어. 몇몇이 아주 마음에 들었는데, 특히 문학에서 업적을 남기려면 어떤 자질이 필요한지, 셰익스피어가 그토록 대단한 것을 갖추었다는 것이 나를 놀라게 했어. 내가 말하는 소극적 수용력이란, 인간이 사실과 이성을 추구하는 데 안달하지 않고 불확실성, 수수께끼, 의심 속에 존재할 수 있는 능력을 말하는 것이다.

훨씬 더 중요한 것은, 전쟁 세대이면서 빈센트 반 고흐의 작품을 사랑하고, 그의 인생관의 많은 부분에 동감했던 어머니가 어째서 에리히 프롬이 공포의 시대에 제시한 사회적 성격 분석에서 말하는 개인과는 완전히 다른 성격을 갖추었는지 이제는 이해한다는 것입니다.

어머니는 더는 두려워하지 않고 그걸 뛰어넘어, 군중에 순응하지 않고, 대세를 따르지 않으며, 다른 사람들의 생각을 걱정하지 않는 법을 배웠기 때문이에요. 좋은 사람이 되는 것, 자신이 소중히 여기는 가치관에 따라 인생을 살아가는 것이 어머니에게는 부자가 되는 것보다 훨씬 더 중요했습니다. 모든 사람은 같기에 어머니가 그랬듯 도덕적 가치는 보편적이라는 것은 믿어 의심치 않으며, 유일한 차이는 좋은 사람과 나쁜 사람인 것이죠. 가난보다 더 악한 것은 정신적 가난입니다. '끊임없이 배워야 한다'는 어머니가 우리 자식들에게 물려준 삶의 만트라였죠.

어머니는 내가 네 살도 되기 전에 책 읽는 법을 가르쳐 주셨어요. 오랜 기억 속의 어느 날 저녁, 할머니께서 딸들에게 무엇을 가르쳤는지 이제야 깨달았고, 마음에 새겨진 말의 생명력이 얼마나 큰지 알았습니다. 밀레와 반 고흐의 그림 속 인물들처럼 동질감을 느꼈던 위대한 단순함과 진실함이 있는 어머니의 믿음은 인생 속 도덕적 나침반으로, 생명력을 불어넣는 방법으로써 항상 간직한 믿음이었습니다.

"알고 있었니?"

루이즈 이모가 다행히 밝아 보이는 목소리로 물었습니다.

"내가 여기 뉘넌에 앉아 네 어머니와 함께 차를 마시는데, 인도에 가서 일할 거라며, 거기에 일이라도 있는 듯이 말하면서 돈을 모으고 있다고 한 거?"

"아니요, 몰랐어요. 어머니가 인도에 간 것도 안 믿기는걸요. 안 될 건 없지만요."

"어린 애가 둘이 딸린 젊은 홀아비가 네 엄마한테 청혼했거든. 네 아빠 말이야!"

루이즈 이모가 웃으며 답했어요.

어머니의 삶에 아버지가 찾아오면서 나도 잘 아는 이야기가 시작됐어요. 내가 그 만남이 있고 1년 후에 태어났거든요. 이제는 일어날 때가 됐습니다. 오후가 됐거든요. 하지만 이모들은 데려다주기 전에 빈센트 반 고흐 동상이 있는 공원을 산책해야겠다고 했어요. 요양원 직원들이 많이 움직이는 것이 특히 나이가 들었을 때 관절에 좋고, 치매 예방에도 도움이 된다며 이모들에게 얼마나 중요한지 엄청 강조했거든요. 어머니도 엄격한 규칙을 지키며 살아서 익숙하지만, 87세의 루이스 이모와 93세의 레니 이모도 날씨가 어떻든 매일 보행 보조기를 끌고 산책을 합니다. 다행히 햇빛이 반짝였어요.

루이즈 이모와 레니 이모를 각자 요양원에 모셔다드린 후에, 곧장 집으로 가는 대신 부모님이 합장된 마지막 안식처인 스헤르토헨보스에 있는 묘지로 향했습니다. 묘지는 150년 된 큰 공원에 있고, 무덤 사이에는 잎이 무성한 길이 있으며, 아름다운 기념물 몇 개와 하늘 높이 솟아오른 은피나무 여러 그루가 있습니다. 팬데믹이 아니어도 나무의 살랑거리는 소리와 새가 지저귀는 소리만 들리는 기분 좋고, 조용한 곳이죠. 어머니에 관해 많은 이야기를 들어서 그런지 어머니가 묻힌 곳에 가고 싶었어요.

손튼 와일더가 1927년에 쓴 매력적인 소설《산 루이스 레이의 다리》는 프란체스코 수도회의 수도사가 1714년에 다리가 붕괴해 5명이 목숨을 잃은 걸 목격하고, 몇 년 동안 하느님이 어떻게 그런 일이 일어나는 것을 허락하셨는지 이해하려 노력하는 내용을 담고 있는데, 이런 감동적인 문장으로 소설은 끝납니다.

"산 자의 땅과 죽은 자의 땅이 있으며, 다리는 사랑이고, 유일한 생존, 유일한 의미다."

이 말이 얼마나 진실한지 이해하는 사람이라면 내가 부모님의 묘비에 새긴 글귀를 이해하는 데 전혀 어려움이 없을 겁니다.

"그는 죽었으나 믿음으로써 지금도 말하느니라." (히브리서 11:4)

2000년 10월 17일에 어머니가 돌아가시기 전까지 어머니는 아버지와 함께 40년이라는 삶을 공유했기 때문에 두 분의 묘비에 이런 비문도 넣을 수도 있었습니다.

"사랑스럽고 아름다운 자이러니 죽을 때에도 서로 떠나지 아니하였도다." (사무엘 하 1:23)

어머니는 젊은 가톨릭 노동 조합원이었던 아버지를 만났습니다. 그때는 1960년이었고, 아버지는 두 아이를 둔 홀아비가 된 지 몇 달 안 된 때였으며, 사별한 아내는 독감으로 사망했죠. 두 사람의 만남은 아버지가 자동차 공장 노동자들을 위해서 사회권에 관해 준비한 강의에서였습니다. 33세의 툰 리멘에게서 어머니는 어린 시절에 전쟁을 겪은 적이 없는 남자를 봤습니다. 리멘 가족은 전쟁 기간을 무사히 이겨냈는데, 가족이 살던 지역이 1944년 9월에 해방되었으며, 뒤이은 겨울의 네덜란드에서의 끔찍했던 기근으로 고통받지 않았기 때문입니다. 하지만 어머니는 아버지와 모든 열정과 가치를 공유할 수 있었어요.

가톨릭 신앙과 모든 사람은 존엄한 삶을 누릴 수 있으며, 반드시 꽃피울 기회가 주어져야 한다는 믿음에 기초한 사회 정의를 위한 투쟁, 여성과 노동자의 해방과 평등권의 필요성, 자녀가 대학에 갈 수 있다는 꿈, 신성하다고 할 수 있는 자신의 책임을 알고 이를 받아들일 의무, 인생은 비극과 불행으로 가득할 수 있지만 절대 포기해서는 안 된다는 걸 아는 것, 삶에 대한 애정까지. 어머니께서 내게 주신 모든 것은 어머니 인생의 경험을 바탕으로 내가 인간이 되기 위해 부모님께 받은 '꼭 필요한 교육'이었습니다.

집으로 돌아와 서재로 갔습니다. 방 안 책으로 가득한 벽은 부모님에게서 받은 교양 교육을 뚜렷하게 상기시키는 것이죠. 어머니는 내게 책 읽는 법을 알려 주셨을 뿐만 아니라 부모님은 책에 대한 식을 줄 모르는 애정을 물려주셨거든요. 친애하는 여러분, 안타깝게도 내 바람과는 달리 나는 스페인어 문학에 익숙하지 않지만, 내가 자란 환경 때문인지 프란시스코 데 케베도의 소네트가 내게는 아주 소중합니다. 어머니와 아버지가 그것이 나의 지적 발달, 인간이 되는 기술에 아주 중요하다고 생각해 평생 고전을 읽어야 한다고 한 걸 아주 매력적으로 표현하고 있거든요.

학식 있는 책 몇 권과 함께,
이 고독한 곳에서 침삼하니,
죽은 자들을 눈으로 들으며
그들과 대화하며 산다.

항상 이해하지는 못해도, 항상 열려 있고

그들은 내 일을 나아지게 하고, 풍요롭게 한다.

대위법적 침묵의 리듬 속에서,

잠에서 깨 그들은 삶의 꿈을 이야기한다.

오 돈 호세, 죽음이 사라진 학자들

그들의 위대한 영혼을 위하여

신문은 시간의 비방에 앙갚음한다.

돌이킬 수 없는 여정 속 시간은 달아난다.

하지만 독서로 더 나은 우리가 될 때

그것이 다행이라고 할 수 있다.

낮에 나이 지긋한 이모들과의 만남으로 떠오른 추억들을 안고 서재에 앉아 있자니 《카라마조프 형제들》의 결말이 생각나는군요. 책장에서 책을 꺼내 마지막 두 페이지를 읽었는데, 도스토옙스키는 거기에 세 형제 중 막내인 알료샤가 열심히 아이들을 가르치는 내용을 적었습니다.

좋은 기억, 특히 어린 시절과 가정에서의 기억보다 더 가치가 크고,

강력하고, 미래의 삶에 있어 더 유익하며, 좋은 것은 없음을 알아

야 한단다. 사람들은 교육에 관해 많이 이야기하지만, 어린 시절부

터 이어져 온 양질의 거룩한 기억이 최고의 교육인 거야. 그런 기억
을 많이 가지고 살아간다면 그 사람은 평생을 무사히 보낼 것이고,
좋은 기억 하나만 마음속에 남겨두는 것 또한 우리를 구원하는 방
법이 될지도 모른단다.

레니 이모와 루이스 이모가 이야기해 준 덕분에, 어머니는 마음
에 소중히 새긴 기억으로 어머니의 삶을 지켰다는 걸 알게 됐습니다.
나의 어린 시절 기억 중 좋았던 것이 얼마나 많은지도 생각하게 됐고
요. 이 모든 걸 깊이 고민하니, 나를 양육하고, 교육해 주신 분들에게
서 오늘 인생의 교훈을 얻었습니다. 인간이 된다는 것은 우리에게 주
어진 사랑에 대한 기억을 축복하며 시작되는 예술이라는 것을요.

친애하는 여러분, 여러분도 그러한 기억을 갖기를 진심으로 바랍
니다. 그렇다고 삶이 더 쉬워지지는 않지만, 여러분을 더 강하고, 자
신감 있는 사람으로 만들어 스스로 꾸려나가야 하는 가장 중요한 기
술은 인간이 되는 기술임을 깨닫는 데 도움이 될 것입니다. 지금은
이 편지를 여러분에게 보내지만, 국경이 다시 열리고, 여행이 가능해
지면 니체의 염원이 현실이 되어 우리가 직접 만날 수 있기를 소망합
니다. 큰 테이블에 둘러앉아 여러분과 함께 이 세상 속 우리의 삶이
라는 여정에서 무엇을 해야 할지에 대한 생각을 나누고 싶습니다.

애정을 담아,

롭

homme

人間

m

art

de frie kunster

homme

人間

ho

art
die Kunst

de frie kunster

ko

homme

人間

homem

art
die Kunst

de frie kunster

kons

homme

human

hombre

homem

die Kunst

藝術

두 번째
고찰

sztuki

human

hombre

menneske

마음을 다하며 지혜를 써서 하늘 아래에서 행하는
모든 일을 연구하며 살핀즉, 이는 괴로운 것이니
하느님이 인생들에게 주사 수고하게 하신 것이라.

arte

- 코헬렛 1장 13절

sztuki

human

bre

menneske

arte

sztuki

human

제1차 세계대전의
그림자 속에서

1991년, 넥서스 저널 창간호의 첫 두 페이지에 그 창간 이유를 적었다. 저널의 존재를 정당화하는 데 '무지의 황량함과 하나만 아는 광신'에 균형추를 두고 싶다는 바람을 담은 것이다. 이것들은 어리석음과 거짓의 유충이며, 순전히 그 질량만으로 사회에 세력을 구축해 눈에 보이지 않는 흰개미 떼가 되어 우리의 자유민주주의가 세워진 기둥을 갉아 먹는다. 그들의 존재를 더욱 감추기만 하는 것은 교육, 특히 대학에서의 교육을 통해 무지한 것과 하나만 아는 것이 번성하는 것을 막을 수 있다는 생각이다.

안타깝게도 사실은 그 반대다. 현대의 대학은 무지의 황량함과 하나만 아는 광신의 유충을 박멸하는 것이 아니라 오히려 살찌운다. 하지만 그것이 새로운 것은 아니다. 지금의 시대에 새로운 것은 거의 없지 않나. "'저것은 새로운 것입니까?'"라고 말할 수 있는 것이

있을까요? 그것은 우리가 사는 시대보다 훨씬 전부터 있었습니다.'
루터 이후 전도사서로 잘 알려진 지혜로운 회의론, 코헬렛(תלהק, 기독
교와 유대교에서 쓰이는 구약성경의 한 책) 속의 글이다.

우리는 알지 못한다. 무지의 황량함이 초래하는 파멸적 결과인
기억의 상실에 갇혀, 2020년대를 살아가는 우리 유럽인은 우리가 여
전히 제1차 세계대전의 그림자 속에 살고 있다는 사실을 더는 인지
하지 못한다. 더욱이 현대의 사회를 형성한 것은 제2차 세계대전보
다도 한 세기 이전의 제1차 세계대전이었는데 말이다.

19세의 세르비아 민족주의자 가브릴로 프린치프가 6월 28일 사
라예보에서 왕위 계승자였던 프란츠 페르디난트 대공과 그의 아내
소피를 저격한 지 꼭 한 달 후에 세계는 숨 막히는 속도로 전쟁에
휘말렸다.

어째서 유럽에서의 전쟁이 전 세계에 불을 붙였나? 특히나 유럽
은 20세기 초반에 잘 흐르고 있었는데, 사실 무척 잘하고 있었다.
슈테판 츠바이크는 전기 《어제의 세계》(1942)에서 제1차 세계대전 이
전의 몇 년간 어떻게 해서 유럽의 경제가 꽃피었고, 기술이 삶의 리
듬에 날개를 달았으며, 과학적 발견과 낙관주의가 자기 인식을 넓혔
는지 말한다. 그는 어떻게 해서 도시가 더욱 아름다워질 수 있었는
지, 부의 증가, 가정에서 침실과 전화기를 갖춘 것, 도서관과 새로운
극장의 건설, 사람들이 나아진 식습관과 스포츠를 통해 건강해진

것, 자동차와 기차가 거리를 단축한 것, 사람들은 더욱 젊어졌으며, 패션이 더욱 자연스러워졌는지를 생각하게 한다.

다시 말해, 그는 어떻게 진보가 모든 사람에게 현실이 되었으며, 그와 더불어 유럽인이라는 의식이 자라나 대륙 전역에서 등장했는지 상기하는 것이다. 어떻게 민족주의에 반하는 유럽이라는 공동체 의식이 나타났는지 말이다.

츠바이크는 이렇게 말을 맺는다.

"지금의 평화 속에서 우리 자신에게, 왜 1914년 유럽이 전쟁에 뛰어들었는지 묻는다면 합리적인 이유나, 실제 원인을 찾을 수 없을 것이다."

츠바이크의 결론이 옳다. 합리적인 이유나 실제적인 원인은 없었다. 그렇다면 전쟁은 어째서 일어난 것인가? 그들 스스로가 만들어 낸 어리석음과 거짓이 유해하게 뒤섞여 먼저 유럽의 정치 지도자들을 몽유병자로 만들고, 그 국민들 역시 민족주의적 광기에 도취되도록 만든 것이다.

5년이 지나 전쟁을 공식적으로 마무리 지은 베르사유 조약이 체결되던 때, 한때는 부유하고, 자기 인식이 있었던 유럽은 스스로를 폐허로 이끌었다. 수백만 명의 사람들이 목숨을 잃거나 불구가 되었고, 파시스트 혁명의 씨앗이 뿌려졌다. 유럽은 혼란에 빠졌고, 영혼을 잃었다. 문명에 유럽의 이상을 상징하는 자랑스러운 깃발은 더 이상 휘날리지 않았다. 더럽고, 얼룩투성이의 찢겨나간 누더기로 전락해 셀 수 없이 많은 고통스러운 사실을 닦아내는 데조차도 사용할 수 없었다.

제1차 세계대전의 발발로 막을 내린 벨 에포크의 사회적, 정치적, 도덕적 발전을 다룬 대작인 《티보가의 사람들》에서 작가인 로저 마르탱 뒤 가르는 나이든 의사인 무슈 필립을 등장시켜 가장 고통스러운 사실을 간략하게 말한다.

전쟁으로 절대 권력을 쥔 국가들은 이를 쉽게 포기하지 않을 것이다. 그래서 적어도 한동안은 민주적 자유의 시대가 끝난다는 것이 두렵다. 나와 같은 세대의 이들에게는 상당히 혼란스러운 일이지만, 받아들여야 한다. 우리는 그러한 자유를 영원히 얻었다고 굳게 믿었다. 그것에 의구심을 품을 일이 없을 것이라고. 우리는 인류가 충분히 성장했으며, 마침내 지혜와 절제, 관용이 세상에 널리 퍼지고, 드디어 지능과 이성이 인류 사회의 진화를 결정하는 시대가 왔다고 믿었다. 미래의 역사가 눈에는 우리가 인간과 인간의 문명화 능력에 대해 어처구니 없는 환상을 품고 있는 순진한 바보 같아 보일지 누가 알겠는가? 어쩌면 우리는 인간의 어떤 본질적인 특성을 못 본 척하는 건 아닐까? 우리 본성의 건설적인 가능성을 제한하는 기본 법칙 중 하나인 파괴하고자 하는 내적 충동, 우리가 힘들게 만들어낸 것을 뭉개려 하는 반복적인 경향을 외면하는 건 아닐까?

전쟁이 고조되는 동안, 의사이기도 한 한 사람은 인간 본성을 형성하는 본질적인 특성을 외면하려 하지 않았다. 그의 이름은 지그문트 프로이트 교수다.

1915년과 1916년, 1916년과 1917년 겨울에 그는 토요일 저녁이면 빈 대학교에서 정신분석학 개론이라는 제목으로 공개 강의를 했다. 완전히 새로운 과학의 창시자가 한 강의들은 곧 엄청난 인기를 끌었다. 모두에게 힘든 시기였으며, 인간은 무엇인지, 무엇을 할 수 있는지에 관한 통찰에의 갈망이 그 어느 때보다 컸다. 프로이트는 타고난 교사였다. 말투는 차분했고, 그의 주장은 명확했으며, 인간 정신의 어느 면도 소홀히 다루지 않았다.

인간은 꿈속에서도 가장 불편한 욕망을 억압할 수 있다는 '꿈의 검열'에 관한 그의 9번째 강의에서, 프로이트는 사람들 대부분은 선하다는 환상을 깊이 다루었다. 프로이트의 관점에서 그런 터무니없는 생각은 현실을 외면하는 데 전문가가 된 얼간이들만이 진지하게 받아들일 만한 것이었다.

프로이트는 이렇게 적었다.

"아마도 여러분은 인간 본성의 가장 주요한 부분으로 악이 자리하지는 않을 거라는 주장에 위안을 얻을 겁니다. 하지만 여러분의 경험을 봤을 때 그게 옳던가요? 우리가 밤마다 꾸는 부도덕함과 방탕함은 사실 이를 자각하고 있는 사람들이 매일 저지르는 범죄임을 알지 못합니까? 이제 개인을 보는 것에서 여전히 유럽에 파괴적인 영향을 미치는 제1차 세계대전으로 관심을 돌리면, 잔혹함, 잔인함, 거짓이 얼마나 문명 세계에 만연해 있는지 생각하게 되나요? 수백만 명의 추종자들이 그 책임을 함께 지는 게 아니었다면, 몇 안 되는 파렴치한 이기주의자와 부패한 정치인들이 이 모든 악령을 풀어놓는 데 성공했을 것이라고 믿습니까?"

학자와 학문

그 당시 뮌헨에는 또 다른 학자가 있었는데, 그는 전쟁이 발발했을 때도 여전히 '이 전쟁은 위대하며, 경이롭다'며, 민족주의적 도취감에 취해 있었다. 하지만 몇 년 후 그는 그것이 자기기만이었음을 깨달았다. 특히 사회학자로서 아무리 괴롭더라도 사회의 모든 사실을 헤아리려고 노력해야 하며, 그로부터 배울 수 있는 교훈을 학생들에게 가르쳐야 한다고. 그의 주요 가르침은 환상은 적고, 통찰력이 풍부한 것이 그 반대의 경우보다 항상 낫다는 것이다.

1917년 9월, 막스 베버는 바이에른 자유 학생 연합으로부터 '소명으로서의 지적 학문'에 관한 일련의 강연을 해 줄 것을 초청받았다. 베버는 망설이지 않고 이를 수락했다. 그는 자유주의적이고, 혁명적인 성향을 지닌 학생들을 잘 알고 있었다. 그들에게 전쟁은 지배 엘리트들의 어리석음과 거짓이 판치는 가면극이었다. 특히 그들은 선생으로부터 나중에 직업을 가질 때 자신의 지적 능력을 최대한 활용해 필연적인 저항을 가능하게 만들 방법을 듣고 싶어 했다. 학생들은 베버가 '소명의로서의 학문'을 주제로 정한 것에 만족하며, 강의 날짜를 1917년 11월 7일 수요일 오후 7시 30분으로 정했다. 장소로는 칼 게오르그 슈타이니크의 서점이 선택됐다. 1914년부터 그는 뮌헨의 아달베르트가에서 사업을 운영했는데, 이곳은 뮌헨 대학교와 뒤러, 렘브란트, 루벤스, 크라나흐 등 옛 거장들의 작품이 있는 유명한 미술관에서 걸어갈 수 있는 거리에 있었다.

서점 주인은 자신의 가게에 아트홀을 조성해 전시회를 열었고, 최대 60명의 손님이 작은 원형 카페 테이블에 앉아 강연이나 연설을 듣거나, 카바레 공연을 볼 수 있었다. 서점은 학생들뿐만 아니라 슈바빙 지역에 거주하는 만 형제, 릴케, 슈테판 게오르게, 브루노 발터 등 많은 작가와 예술가가 사랑하는 만남의 장소가 되었다.

11월 7일 7시 30분이 되기 직전에 베버가 그의 아내 마리안느와 함께 들어왔을 때, 홀은 이미 학생과 지역 주민으로 가득 차 있었다. 앞쪽 테이블은 베버 부인을 위해 예약되어 있었다. 자리가 없는 20여 명의 손님들은 고대 이집트 형상이 그려진 벽에 기대고 섰다. 베버는 곧장 작은 무대로 걸어갔다. 그는 모자와 코트를 벗은 뒤, 강연대에 자리를 잡고 메모가 적힌 종이 몇 장을 그 위에 올려놓았다. 그는 아직 자신이 말해야 하는 내용을 글로 쓰고 싶지 않았다. 그 순간은 나중에 올 것이다. 우선 그는 인생의 모든 경험을 바탕으로 자신이 젊은이들에게 가르치고자 하는 것에 이 학생들이 어떻게 반응할지 알고 싶었다. 검은 수염과는 대조적인 창백한 얼굴에서 그의 아내는 청중의 기대만큼이나 그가 긴장했음을 알 수 있었다. 베버가 말을 시작하자 모든 긴장이 빠져나가는 듯했다. 그는 가끔씩 자신의 노트를 훑어보았다. 모든 논점은 이미 그의 머릿속에, 아니면 마리안느의 생각처럼 그의 마음속에 있는 것 같았다.

베버는 사회학자이자 역사학자일 뿐만 아니라 경제학자이기도 해서 그런지 '소명으로서의 학문'에 관한 논의를 시작하면서 이 직업을 열망하는 사람들에게 물질적 측면이란 무엇인지 물었다. 이 질문에 대한 그의 답은 과학의 실천이 미국화되는 것은 독일에서도 막을 수 없다고 확신한다는 것이다. 이는 실제로 젊은 과학자들이 월급을 받지만, 이를 위해 교수보다 훨씬 더 많은 일을 해야 하며, 특히나 그들의 '성공'에 따라 평가를 받게 된다는 것을 의미한다. 즉, 학생들로 강의실을 꽉 채우지 못하면 해고될 것이란 뜻이다.

대학 이사회에 있어 학생의 수는 확실하며, 정량화할 수 있는 증거다. 과학자의 유능함을 평가하는 것은 훨씬 더 어렵고, 관련성도 멀어진다. 결국은 등록금이 관건이다. 따라서 가장 많은 수의 학생을 끌어모으기 위한 끊임없는 경쟁이 벌어진다. 유능한 과학자가 대학에서의 자리를 얻는 것은 순전히 우연일 뿐이라고 베버가 설명하는 이유이기도 하다. 민주주의 선거에서든, 대학 이사회의 선거에서든, 모든 집단 의지는 언제나 평범함을 추구하며, 결코 최고의 자질을 추구하지 않는다. 평범한 인물은 유연하고, 적응력이 뛰어나며, 학생과 이사회 모두로부터 좋은 평판을 얻고자 한다. 그렇게 하면 직업적 성공 가능성이 커지기 때문이다.

베버가 이야기를 시작했다.

"폭넓은 경험과 냉정한 성찰을 통해 나는 아무리 그것이 당연한 것일지 모른다고 해도, 많은 이의 관심을 끄는 강연에 깊은 불신을 품게 됐습니다. 민주주의는 찬성하지만, 그것이 속한 곳은요? 결국 과학 교육은 독일 대학의 전통에 따라야 하는 귀족적 정신의 문제이니, 그것에 대해 우리 자신을 속여서는 안 됩니다."

하지만 그 전통에서 남은 것은 무엇인가? 그렇기 때문에 그는 아끼는 학생들에게 과학을 직업으로 선택하도록 격려해야 하는지에 대한 질문으로 고심하고 있음을 솔직하게 인정한다. 베버에 따르면, 유대인 출신이라면 그 누구라도 기회가 없고, 다른 모든 사람은 스스로에게 양심의 질문을 해야 한다.

"여러분은 평범한 인물이 해마다 여러분보다 높이 올라간다는 사실에 속앓이하거나 비뚤어지지 않고서 그걸 참을 수 있습니까?"

남편이 물을 마시려고 잠시 멈추자, 마리안느는 주위를 둘러보며 청중의 얼굴에 퍼진 불편함을 보고 안타까운 마음이 들었다. 막스는 강연의 첫 20분 동안 이 학생들에게서 얼마나 많은 환상을 빼앗은 걸까? 그들이 꿈꾸는 학자로서의 경력을 쌓을 수 있다는 건, 학생들을 기쁘게 하는 데 능숙한 평범한 인물이기 때문이라는 것을 받아들이는 것이 얼마나 어려울까? 그들 중 얼마나 많은 이들이 과학에서의 뛰어난 자질을 갖고 있으며, 막스처럼 학계에서 저명한 경력을 쌓을 수 있는 운 좋은 사람이 되기를 희망할까?

그 사이 베버는 자신이 하는 주장의 본질이 무엇인지 설명하기 위해 강연을 재개했다. 내면의 소명을 포기하고 싶지 않은 사람, 방금 말한 모든 것에도 불구하고 여전히 학문에 봉사하고자 하는 열정을 품은 사람이라면 학문의 요점이란 무엇인지 깨달아야 한다는 것이다. 역사의 과정을 거치면서 학문 실천에 주지주의적 합리화의 형태로 근본적인 변화가 일어났기 때문이다. 결과는 다음과 같다.

첫 번째, 학문은 현실의 점점 더 작은 부분을 탐구하는 무한한 전문화로 세분화될 것이다. 학자로서 완벽함을 달성하고, 명성을 쌓을 수 있는 유일한 방법은 가능한 한 최대로 전문화하는 것이다. 학문 연구의 본질인 끊임없는 진보는 시간이 지나면서 더 나은 결과를 가져올 것이기 때문에, 여러분의 결과는 10년, 20년이 지나면 시대에 뒤떨어질 수 있음을 알아야 한다.

두 번째, 합리화의 결과로 학문은 모든 사실을 규정할 수 있는 능력이 그 어느 때보다 향상되겠지만, 그 사실의 가치는 결코 규정할 수 없을 것이다. 학문은 '우리는 무엇을 해야 하는가?' 혹은 '우리는 어떻게 살아야 하는가?'와 같은 삶의 중요한 질문에 답할 수 없고, 답해서도 안 되기 때문에 '가치'라는 개념 전체가 사실상 포기되어야 한다. 이러한 평가는 단순한 이성의 영역을 벗어난다. 학문이 할 수 있는 일은 우리 삶의 지능화와 합리화를 통해 "세상에 존재하지 않는 신비롭고, 헤아릴 수 없는 힘이 더 이상 그 역할을 하지 않도록 하는 것이다. 왜냐하면 우리는 반대로 예측을 통해 모든 것을 통제할 수 있기 때문이다. 이는 곧 세상에 대한 눈을 뜨는 것이다. 그러한 힘이 존재했던 야만인과 달리, 우리는 더 이상 영혼을 쫓아내거나 달래기 위한 마법에 의지할 필요가 없다. 대신 기술과 예측이 우리의 목적을 이루어 준다. 우리는 그것을 엄격한 의미에서의 지성화라고 부른다."

세 번째, 베버는 학문이 언제나 본질적인 명확성을 제공할 것이라고 주장했다. 예를 들어, 이데올로기로서 사전에 모든 형태의 의심을 배제하기 위해 항상 자신의 가정과 결과에 대한 논의를 피하는 경향이 있는 정치적 신념과 관련된 모든 불편한 사실을 명확히 한다는 것이다.

베버는 합리화와 지성화를 통해 가장 심오하고, 숭고한 가치가 대중의 시야에서 사라지고, 신비적 삶의 초자연적인 영역으로 밀려났음을 알고 있다. 그는 또한 이런 어려운 시기에 많은 이들에게 삶의 길을 보여 줄 예언자인 총통이 필요하다는 것도 알고 있다. 하지만 학자들은 이 모든 걸 멀리해야 한다. 강연대에 서서 선지자의 역할을 하는 학자는 광신적인 종파만을 창조할 뿐, 실제 공동체는 결코 창조하지 못할 것이라는 게 베버의 확고한 믿음이다. 자신의 실존적 선택을 명확히 할 수 있는 용기를 갖는 것이 훨씬 낫다. 그러나 학문은 그와 관련해서는 도움이 될 수 없으며, 오직 사실을 규정하는 데만 국한되어야 한다.

베버가 강연을 마쳤다. 의례적인 박수는 청중들이 베버가 말한 내용이 아닌 다른 내용을 듣고 싶어 했음을 분명히 했다. 그는 다른 일이 있다는 핑계로 주최 측의 술 한잔하고 가라는 제안을 거절했다.

그는 마리안느와 함께 집으로 돌아가는 길에 그녀에게 물었다.

"어떻게 생각해? 저 젊은이들이 내가 말하려고 한 내용을 이해한 것 같아?"

"저 사람들은 바보가 아니야, 막스! 당연히 당신이 한 말의 요지는 이해했지. 단지 거기에 만족하지 못한 거야."

베버는 어깨를 으쓱하고, 잠시 침묵을 지키다가 말했다. "적어도 그들은 학문이 사람들을 행복하게 만들기 위해 존재하는 것이 아니라는 건 이해했겠군."

선조들과
비판적인 후손

1919년의 봄, 막스 베버가 쓴 《직업으로서의 학문》이 마침내 출판되었을 때, 에리히 칼러는 불만스러운 걸 넘어 충격받았다. 그는 베버의 추종자로, 베버와 시인 슈테판 게오르게를 위대한 스승으로 여겼고, 그 때문에 1912년에 뮌헨 근처의 마을로 이사를 했다. 베버보다 스무 살이 어린 그는 1885년에 프라하에서 부유한 유대인 가문의 외아들로 태어나 교양 시민 계급의 최고 전통에 따라 성장했다. 에리히는 작가로서 명성 있었던 어머니 안토아네트, 결혼 전 성은 슈바르츠인 그녀의 영향을 받아 어려서부터 시를 쓰기 시작했다. 어머니의 지지를 받아 자신의 지적 재능을 최대한으로 발전시킨 칼러는 베를린, 하이델베르크, 프라이부르크, 마침내는 뮌헨에서 철학과 문학, 역사, 미술사, 사회학, 심리학을 공부했다. 27세의 그는 막스 베버와 슈테판 게오르게와 가까이에서 지내기 위해 뮌헨에서 남쪽으로 40km 떨어진 볼프라츠하우젠으로 왔고, 사학자로서 생계를 유지할 수 있었다.

막스 베버는 철학과 인문학, 문학의 전 영역에 걸쳐 다재다능한 사람으로, 그는 칼러에게 삶의 위대한 모범이었다. 칼러도 알고 있듯이, 베버는 학계에서 보기 드문 지적 완전함의 전형이기도 했다. 베버의《직업으로서의 학문》에 대해 고통스러우면서도 충격적인 반응을 보인 것은 한편으로 대학은 지적 귀족주의에만 기여한다는 베버의 주장에 전적으로 동의했지만, 다른 한편으로는 베버가《직업으로서의 학문》강연에서 제시한 존경받는 교사의 이상형은 끔찍하게도 지적 귀족주의의 이상에 전혀 부합하지 않으며, 정반대라는 것을 알게 되었기 때문이다.

젊은 학자는 양심을 저버리지 않기 위해 지식인 아버지에게 맞서야 함을 깨달았다. 어딘가 데자뷔 같았다. 7년 전에도 그는 아버지에게 반박한 적이 있다. 그다음은 유대인 정체성으로, 그가 추구하는 지식의 이상이 위태로웠다. 두 번 모두 그가 비판한 내용은 기성세대는 본질을 잃었으며, 그 손실을 자신과 젊은 세대에게 전가하려 한다는 것이었다.

에리히의 아버지인 루돌프 칼러는 1867년 이래로 유대인들이 오스트리아-헝가리 제국 군주제에서 완전한 시민권을 누리며, 어느 정도 지배적인 독일과 기독교 문화에 최대한 동화됨으로써 매우 빠르게 사업가로 성공한 것을 이용했다. 그의 아들은 바르미츠바(유태인 성년식)를 치렀지만, 루돌프에게 다른 모든 유대인 종교와 문화는 쓰레기와 함께 내놓는 게 나은 낡은 옷에 불과했다. 그에게 유대인 거주 지역에 대한 기억은 빈곤의 냄새, 탈무드에 대한 끝이 없는 연구, 마치 수 세기 동안 시간이 멈춘 듯한 머리 모양과 의복 등으로 혐오감을 불러일으켰다.

루돌프 칼러는 이제 시민권이 있으니, 그걸 이용해 성공적인 사업가가 되어 우아하게 살기로 결심했다. 기업가 정신으로 그는 곧 막대한 부를 축적했고, 정기적으로 오페라와 극장을 다녔으며, 집에서 열리는 야회에 초대할 사람을 선정하는 감각이 매우 뛰어났다. 그의 인생 정점은 1911년에 카이저 프란츠 요제프 1세에게서 작위를 받은 때로, 드디어 자신을 루돌프 폰 칼러로 부를 수 있게 되었다. 이런 그와는 대조적으로 그의 아내 안토아네트에게 독일 계몽주의의 유산은 유용한 사회적 관습 그 이상이었다. 칸트, 괴테, 베토벤은 그녀에게 진정한 위인이었고, 그들의 작품이 그들을 그 자리에 오르게 만들었다는 걸 알았다. 칼러 부부의 결혼 생활은 원만하지는 않았다. 그러기에는 인생관의 차이가 너무나 컸다. 에리히의 아버지와 어머니의 유일한 공통점은 유대교에 대한 공감이 거의 또는 전혀 없었다는 것이다.

투르게네프가 1862년에 쓴 유명한 소설인《아버지와 아들》에는 전통적 가치를 고수하는 아버지와 학문의 우월성을 확신하고, 전통과 관련된 그 어느 것에도 얽히고 싶지 않은 아들 사이의 세대 간 갈등이 묘사되었는데, 출판된 지 반세기 후에 에리히는 젊은이들이 그의 아버지 세대와 달리 유대교 전통을 버리는 걸 의식적으로 거부한 이들에 둘러싸여 자랐다. 그는 프라하에서 바르 코크바 유대인 대학생 연합이라는 단체에 가입했는데, 2세기에 하드리아누스 황제 치하 로마인들이 유대인을 억압한 것에 맞서 예루살렘에서 반란을 이끈 사람의 이름을 따 지은 것이다.

1913년에 연합은 《유대교》라는 제목의 짧은 수필 모음집을 출판했다. 쿠르트 볼프가 출판했는데, 그는 나중에 프란츠 카프카의 모든 작품을 출판한 사람이다. 마르틴 부버, 막스 브로트, 아르놀트 츠바이크, 마르가레테 주스만, 에리히 칼러가 쓴 글들로, 에리히 칼러는 아버지의 폰을 이어받는 걸 단호히 거부했다. 이들은 다음과 같은 그들의 신념을 표현하고자 했다.

"유대인의 운명은 우리 세대의 손에 달려 있다. 우리는 시온주의자다. 새로운 유대인의 삶을 실천할 방법을 찾고 있다."

칼러의 글은 〈최고의 파토스〉라는 제목으로, 5페이지에 걸쳐 중요한 단어들의 회복을 주장하며 간략하게 쓴 의견이 담겼다 '진실', '사랑', '믿음', '영원'은 학술 전문가들의 용어가 아니며, 황량하고, 냉소적이며, 이런 개념에 더는 아무런 가치도 두지 않는 사회를 위한 표현 양식도 아니다. 칼러는 젊은이들에게 이런 훌륭한 단어의 결핍은 필연적으로 더 편협하고, 공허해질 수밖에 없는 감정적인 삶으로 성장할 것이라고 주장했다. 이런 지적 어휘의 파토스(Pathos, 감정, 정서, 정념, 충동)가 회복되어 그 영원한 의미가 다시 온전하게 표현된다면, 젊은이들은 그런 단어를 사용하는 걸 다시 배우게 될 것이다. 그러면 그 세대는 더 발전할 것이며, 그 자체를 넘어설 것이다. 비슷하게, 유대인은 이런 어휘의 파토스에 힘입어, 다시금 스스로를 믿고, 믿음의 모범이 되고자 바라는 법을 배워야 한다.

고대의 시인 오비디우스는 책에 그 자체의 운명이 있다는 걸 알았다. 《유대교》는 확실히 그렇다. 1962년에 시인 폴 셀랑은 파리의 한 도서관에서 이 책을 빌렸는데, 그는 쇼아(Shoah, 재앙, 참사를 뜻하는 히브리어. 유대인들이 홀로코스트라는 용어를 거부하고 나치의 학살을 지칭하는 단어)로 부모님이 살해된 후, 지구상의 지옥에서는 말의 의미조차 불타 없어진다는 걸 누구보다 잘 알았다. 셀랑은 특히 칼러의 글에 매료됐다. 그는 전에 칼러를 만난 적이 있는데, 그로부터 3년 후인 1965년 7월 28일에 쓴 감동적인 편지에서 유대인들이 맞닥뜨렸던 재앙 이후, 왜 칼러가 쓴 글에 자신이 그토록 감동받았는지 적었다.

"그 모든 일에도, 마치 언어 속에, 언어를 통해 인간의 미래가 여전히 있을 수 있다는 희망이 있는 듯합니다."

그러나 셀랑의 이런 희망은 그리 오래가지 못했다. 1970년 4월 19일에 그가 스스로 목숨을 끊은 것이다.

반세기 전인 1920년에 칼러는 《학문으로서의 직업》이라는 제목의 100페이지에 달하는 평론집을 출판해 막스 베버가 학문에 관한 예견한 것을 비판한 내용을 문서화했다. 책 출판 직전에 베버가 사망하면서 각주를 더해야 했지만. 각주에서 그는 베버를 한 인간으로서 존경하며, 그의 비판은 두 사람 사이의 다툼이 아니라 두 가지의 서로 다른 지적 토대와 서로 다른 시대 사이의 투쟁이라는 점을 분명히 하려고 노력했다고 적었다.

칼러는 알고 있었다.

"우리 젊은 세대는 결코 잊지 못할 것을 배웠습니다. 우리를 가르친 건 교사가 아니라 시간이었죠. 1914년의 전쟁 이전에 시작된 견디기 힘든 경험과 공포로 가득 찬 시간이요. 우리가 자란 세상 속에 우리 뒤에 숨어 증가하는 기계화, 무의미한 권위주의적 관료화, 끊임없는 경제화로 인해 죽어가는 시대의 영적 황무지. 최근에 더 많은 재앙이 우리 뒤에 있어요. 그 재앙은 여러 형태로, 집단적이든 개인적이든, 시체든 죽은 영혼이든, 화염, 질식 폭발로 인한 사망일 수 있죠. 그리고 이런 수천 가지 형태의 죽음으로 배운 건 이제서야 깨달은 삶의 의미입니다."

칼러는 베버가 말한 낡은 학문은 말할 가치가 없다는 것은 바로 삶에 관한 것이라 말한다. 낡은 학문의 수단은 무엇인가? 그것은 이성의 수단이지만, 체계적이고 끝없는 전문화는 우리 경험의 세계에서 점점 더 사라져가는 관념으로 이어진다. 베버는 유일한 참된 지식은 계산이 가능하고, 증명이 가능한 것이라고 했다. 칼러는 그의 전 스승이 양이 새롭게 지배할 여지를 만들기 위해 질에 대한 직관적 인식을 저버렸음을 목격하고 몸서리쳤다. 더욱이 칼러가 계속해서 비판한 것은 베버가 멈추지 않는 학문적 진보와 세계에 대한 환멸이라는 그의 교조가 결합돼 "원칙적으로 우리는 신비하고, 예측 불가능한 힘의 지배를 받지 않는다"고 믿은 것이었다. 베버는 바로 이런 학문적 오만함 때문에 이를 실천하는 이들은 비합리적이고, 어두운 힘에 눈이 멀어 절대 스스로 이성적으로 될 수 없을 것이라는 걸 인지하기를 거부했다. 지금의 용어로 데이터 수집 및 데이터 분석에 사용되는 기술적으로 진보된 센서는 사회 표면 아래에서 일어나려 하는 것을 절대 감지할 수 없다.

칼러는 베버의 학문이 여전히 생명력이 있다는 것이 의문스러웠다. 그건 아무것도 아니니까 말이다! 학문은 사실 안에 갇히면 삶의 큰 문제에 부딪힐 때 아무것도 할 수 없다. 영적, 도덕적 가치와 형이상학적 진리, 의미 같은 것을 학문은 알지 못한다. 학문으로 얻는 지식은 일차원적이고, 사실적이지만, 지혜라는 것이 부족하다. 삶을 사칙연산으로 계산할 수 있다는 이상을 보여 줌으로써, 세계관에 뿌리를 두지 않고, 오로지 단순하게 경제적 이익에만 뿌리를 둔 정치적 교리를 살찌운다.

칼러가 베버의 학문적 이상에서 발견한 가장 큰 위험은 '객관적 지식이기 때문에 유일한 '참'이라고 주장하는 과학만능주의가 다른 모든 근본주의와 마찬가지로 단 한 가지만을 아는 광신의 원형이 되었다는 것이다. 그런 지식의 결과는 어리석음과 거짓이다. 칼러에게 있어서 베버의 학문적 이상은 다양한 형태의 죽음을 만들고, 지나간 재앙을 막는 데 실패했을 뿐만 아니라 가치관과 진실, 지혜의 부족으로 사실 재앙을 일으키는 데 한몫을 했다.

18년 후인 1938년에 더 큰 재앙이 일어났을 때, 다른 많은 유대인 지식인들처럼 에리히 칼러에게 미국은 제2의 조국이 되었다. 프린스턴 고등연구소 동료였던 알베르트 아인슈타인이나 토마스 만, 커트 울프, 로저 세션스, 그와 같은 집에 살았던 헤르만 브로흐 같은 사람들은 친우였으며, 그의 가장 큰 팬이었다. 당시 그들에게 있어 가장 위대한 사상가 중 한 명이었던 친구가 《인간의 기준: 역사에 대한 새로운 접근법》과 《탑과 심연: 개인의 변화에 대한 관찰》, 그리고 논평 모음집 《정신의 책임》 같은 시대를 초월한 작품들의 저자이며, 모든 학생이 공부해야 할 사상가의 반열에 오를 것이라는 것은 그들에게 당연했다.

그들이 틀렸다. 칼러가 1970년에 사망하고 얼마 지나지 않아서 그는 명예도 없이 예언자라는 이름뿐인 영역에 이름을 올렸고, 그의 업적은 잊혀졌다. 역설적인 것은 베버가 가졌던 학문적 이상이 승리할 수도 있다는 걸 칼러 자신이 예견했다는 것이다. 그리고 그 일이 일어났다. 학문에서 주창하는 한 가지 형태의 지식에 대한 광신에 내재된 어리석음과 거짓도 마찬가지였다.

세 명의 발퀴레와
그들의 보탄

20세기 초에 뮌헨의 예술가와 학자들에게 파다했던 것은 도시 전체에서 엘자 칸타쿠젠 공주로 태어난 엘자 브루크만만큼 상냥하고, 우아하며, 명랑하고, 매력적이고, 친절한 여성이 없다는 사실이었다. 거의 매주 금요일 저녁 9시면 그녀와 부유한 출판업자인 그녀의 남편 휴고 브루크만은 카롤리넨 광장에 있는 웅장한 저택에서 예술과 학문 분야의 저명한 대표들을 맞이하고는 했다.

손님들은 현악 4중주 연주가 흐르는 응접실과 대단한 서적이 소장된 도서관 바로 옆 대형 안락의자에 앉아 대화를 나누었다. 그 저명한 손님들은 누구였을까? 라이너 마리아 릴케는 가능할 때마다 자주 찾아왔고, 휴고 폰 호프만슈탈은 엘자가 빈에 살았을 때 그녀에게 아주 푹 빠져 있었는데, 뮌헨에 올 때마다 참석했다. 시인 슈테판 게오르게도 반가운 손님이었다. 한편 엘자는 자신이 '이 시대의 가장 위대한 세 명의 시인'으로 부르는 이들이 동시에 오는 일이 없도록 세심한 주의를 기울였는데, 어색함을 피하기 위해서였다. 그녀는 하리 그라프 폰 케슬러가 경의를 표하러 올 때마다 기뻐했다. 참석자 모두 이 범세계주의적인 손님이 예술가 아리스티드 마이욜이나 피에르 보나르, 작가 앙드레 지드, 조지 버나드 쇼나 유명 배우 사라 베르나르, 작곡가 이고르 스트라빈스키, 발레의 기적 바슬라프 니진스키, 니체의 여동생인 엘리자베트까지, 그들과 만난 이야기를 감칠맛 나게 푸는 걸 매우 즐겼다.

칼러의 소중한 친구인 기업가 발터 폰 라테나우도 글쓰기를 좋아했는데, 그는 그다지 환영받지는 못했다. 폰 라테나우가 베를린에서 뮌헨으로 방문할 때면, 엘자는 뮌헨에 사는 동료들인 헤드윅과 알프레드 프링스하임이 자신의 살롱에 오는 걸 좋아했다. 알프레드는 유명한 수학자였다. 무척 부유한 유대인으로, 음악에 대한 열정이 엄청났고, 바그너가 바이로이트에 음악 성전을 지을 수 있도록 도운 후원자 중 한 명이었다. 브루크만 부부는 그의 그런 점을 매우 높이 평가했다.

남성이 주를 이루는 중에, 엘자는 헤드윅 프링스하임과 항상 20세기 여성에게 보장되어야 할 권리를 이야기하며 큰 기쁨을 느꼈다. 페미니스트이자 작가, 연설에 뛰어났던 여성 참정권 지지자로, 독일 남자들에게 악명 높은 헤드비히 돔의 딸인 것을 자랑스러워하던 프링스하임 부인이 가장 좋아한 주제였다. 최근에 토마스 만과 결혼한 프링스하임의 딸인 카티아도 그 자리에 있었다. 엘자는 만의 소설 《부덴브루크가의 사람들》을 읽은 후, 누가 봐도 재능이 있는 그 젊은 작가가 오는 게 기뻤지만, 특별히 끌리는 느낌은 없었다. 왜인지 그녀는 완전히 확신하지 못했다. 아마 만이 여자에는 관심이 없다는 것을 눈치챘을 것이다.

1914년 1월에 그녀와 휴고는 카티아와 토마스 만이 포싱어가에 새로 지은 집으로 이사 가는 것을 축하하는 자리에 초대되기는 했지만, 한편으로 그들의 만남이 자주 있지 않았던 것은 만이 작품 낭독회로 독일 여러 마을과 도시를 다니느라 초대를 자주 거절했기 때문이다.

여주인은 두 젊고 잘생긴 유대인 출신 문인 칼 볼프스켈과 프리드리히 군돌프가 있을 때가 더 좋았다. 그들은 주제가 뭐든 항상 토론에 적극적으로 참여했다.

손님들이 활발하게 토론할 때면 엘자는 뒤쪽의 안락의자에 앉아 그곳의 모든 이들을 지켜보는 걸 좋아했다. 빈에서 특별히 주문한 훌륭한 그뤼너 벨트리너 한 잔을 마시며, 자신과 휴고의 살롱에 지식인 상류층이 자주 온다는 사실을 아주 만족스러워했다. 그녀는 귀빈인 휴스턴 스튜어트 체임벌린에게 가장 큰 애정을 느꼈다. 엘자와 휴고는 1899년 체임벌린의 강연을 계기로 살롱의 첫 모임을 기획했고, 그는 쇠약한 건강 상태에도 첫 모임 이후 오늘 밤처럼 줄곧 살롱을 찾았다.

과거, 그렇다. 엘자는 어떻게 이런 삶이 시작되었는지 떠올랐다. 가난한 루마니아 귀족 가문의 딸인 그녀는 젊은 시절 대부분을 빈에서 보냈다. 그녀가 아직 젊은 여성이었을 때, 아주 부유하고, 그곳에 완전히 융화되었던 유대인 토데스코 가문에 들어갔다고 할 수 있다. 그녀는 여성 동반자로서 토데스코 궁에서 합스부르크의 정치인과 예술가들로 이루어진 보몽드를 알게 되었고, 상류층의 여주인인 살롱니에르가 되는 세련된 예술을 익혔다. 휴고 폰 호프만스탈도 당시 빈에 살았는데, 17살이던 그는 아름다운 엘자에게 반했지만, 그때는 이미 아버지에게서 예술과 학문 출판사를 물려받은 사업가 휴고 브루크만을 그녀가 선택한 후였다.

브루크만은 역사에 관심이 많았는데, 역사 연구가 점차 학문의 전문 분야가 되고 있다는 사실에 크게 좌절했고, 20세기라는 새로운 시대의 시작점에 이제 막바지를 향해 가는 19세기에 관한 결정판이라고 할 수 있는 책을 쓸 만한 진정한 문학 예술가를 찾았다. 투키디데스가 펠로폰네소스 전쟁 서사시를 통해 고대 그리스의 진정한 문학 예술가가 되었던 것처럼 말이다.

브루크만은 바그너의 그림 전기도 출판하고 싶었다. 유대인 출신임에도 바그너의 마지막 오페라 〈파르지팔〉의 초연을 공연한 지휘자 헤르만 레비라는 지인을 통해, 브루크만은 2년 전에 출판된 리하르트 바그너 전기의 저자인 체임벌린과 만날 수 있었다. 체임벌린이 바그너의 딸인 에바와 결혼했으니, 장인어른의 전기를 쓴 것이다.

곧 브루크만은 이 유난히도 박식한 독학자의 영향을 받았는데, 그는 서른 살에 자신의 새로운 진정한 조국으로 독일을 선택한 영국인이었다. 체임벌린은 19세기의 포괄적인 역사를 집필하는 역할을 맡았다. 1899년, 3년간 부지런히 작업한 끝에 브루크만은 총 1,200페이지가 넘는 휴스턴 체임벌린의 두꺼운 《19세기의 토대》를 출판할 수 있었다.

작품의 서문에서 체임벌린은 자신이 권위자 혹은 전문가와는 정반대되는 딜레탕트에 지나지 않는다고 인정한다. 바로 그 이유로 말미암아 자신이 수십 년간의 토대, 지난 세기의 진실에 대한 글을 쓰는 일을 맡을 자격이 있다는 것이다. 전문가이며, 관찰과 계산이 가능한 것에만 자신의 한계를 정해 놓은 학자들은 결코 전체적인 의미를 전달할 수 없다. 그것은 오직 예술만이 할 수 있는 것이다. 그는 딜레탕트이기 때문에 학문적 사실 전부를 고민할 필요가 없었고, 학문예술가로서 19세기의 진실을 예술적 방식으로 알릴 수 있었다.

실제로 체임벌린은 학문적 전문 용어가 전혀 없는 물 흐르는 듯한 문체로 역사를 분석해 그가 읽지 않은 것이 거의 없다는 것을 독자들에게 명백하게 보였다. 그가 알리고자 하는 진실은 지금의 문명과 문화 수준이 '인류의 전반적인 진보'의 결과라는 것은 명백한

착각이라는 것이었다. 그것은 사실이 아니고, 다름 아닌 게르만 민족이라는 한 민족의 특별하고, 우월한 자질 덕분이라는 것이다! 로마 제국이 멸망으로 인종의 혼란이 초래됐지만, 게르만 민족이 문화를 재건했다.

체임벌린은 또한 1,200페이지에 달하는 글에서 19세기는 유럽의 미래를 결정지을 전투의 시대로 인식되어야 함을 분명히 하고자 했다. 인류라는 것은 존재하지 않았고, 오직 인종만 있기에 이는 인종 간의 전투라는 것이다. 특히 우월한 게르만 민족 아리아 인종과 열등한 유대인 민족 셈족 인종 간의 전투다. 후자는 탐욕과 물질주의, 타락, 참 종교의 결핍으로 세상을 오염시키고, 지배할 전염병이다. 18세기의 감상주의와 '모든 인류는 형제가 된다(alle Menschen werden Brüder)'라는 환상을 반드시 타도해야 한다고 말이다.

그는 장인어른인 리하르트 바그너가 "zu verneinen, was verneinenswert ist, zu vernichten, was verniechtenswert ist"라며 독일인들은 용기를 가져야 한다고 확신에 차서 선언한 말을 인용했다. 이는 "마땅히 거부해야 할 것은 거부하고, 파괴해야 할 것은 파괴함으로써" 행동하는 것을 말한다. 체임벌린은 유대 민족은 그런 존재로, 우리는 기생충을 어떻게 해야 할지 알지 않느냐고 했다.

권위자나 전문가가 아닌 것을 자랑으로 여기는 그 딜레탕트는 유대인의 토라인 구약성서가 '유물론적 철학의 승리'라는 것은 객관적이며, 과학적으로 입증 가능하다고 확신했다. 대조적으로 독일

인종의 가장 주요한 특징은 자유와 충성심이다. 이러한 특징을 바탕으로 독일은 유대민족을 근절해 인종적으로 순수해지는 세계를 언제까지나 추구할 것이다. 그렇다고 해서 유대인으로 태어난 모든 사람이 유대인이라는 뜻은 아니라고 그는 길게 설명했다. 그의 견해에 따르면, '유대인이 아닌 유대인이 되는 것', 즉 유대인이 아닌 유대인으로 태어나거나, 반대로 유대인으로 태어나지 않았지만, 유대인 정신에 감염될 수도 있다는 것이다.

체임벌린이 이 작품을 통해 무엇을 제시했든, 전적으로 그의 창의에서 나온 것으로 볼 수는 없다. 모든 기본 개념과 그에 수반되는 용어, 민족, 국민, 게르만 민족의 우월성, 유대인이 초래하는 위험, 유대인, 독일인 영웅 등장의 필요성 등, 이 모든 것은 그의 장인어른이 쓴 오페라와 글에서 찾을 수 있다. 그러나 체임벌린은 그의 박식함으로 이러한 일련의 개념에 사이비과학적 설명을 가미했다. 독일 국민은 자신들이 선택된 민족이라는 생각에 빠졌고, 그들의 전통에 의문을 제기하는 현대성에 위협을 받고 있다고 여기면서, 우월한 민족과 열등한 민족 사이의 피할 수 없는 전투에 대한 체임벌린의 '진실'을 믿고 싶어 했다.

그렇게 이 책은 대단한 성공을 거두었고, 브루크만 부부를 더 부자로 만들었을 뿐만 아니라, 그들의 사회적 명성도 높였다. 금요일 저녁, 엘자는 제1차 제국 풍의 안락의자에 앉아 자신의 살롱에서 열린 모임에 온 손님들을 지켜보며, 오랜 친구가 사람들에게 진정한 지식이 어떻게 학문적 담론에서 해방되어 미래를 결정하는 과거의 지식이 되어야 하는지 이야기하는 걸 조용히 기뻐하며 들었다. 그는 위대한 예술을 지닌 게르만 민족 독일의 본질적인 사명은 세상을 치유하는 것이라고 애정을 담아 이야기했고, '위인'이 그 전투를 이끌어야 한다고 말했다. 대중을 이끌 영웅이 나와야 한다고.

1918년 11월, 독일의 패배는 엘자에게 아주 충격적이었다. 계속해서 군대가 승리가 임박했음을 사람들에게 강조했기 때문에 그녀는 우월한 게르만 민족이 전쟁에서 패배했다는 것을 이해할 수 없었다. 그녀는 군 최고 사령부인 폰 힌덴부르크와 루덴도르프 장군이 한 다음의 말만이 진실이라고 쉽게 받아들였다. 군대는 볼셰비키 유대인, 독일의 좌파 정치인, 지식인들의 희생양이 되었다는 것이다. 이들은 독일 국민이 군인을 지지하는 것을 막고, 1918년 10월에 수병이 반란을 일으키도록 부추겼으며, 결국 군대의 뒤통수를 쳐, 배신자가 되어 베를린과 뮌헨에서 결정적인 배신으로써 11월 혁명을 일으켰다.

이는 모두 거짓이었지만, 음모론으로써 오늘날까지 현대 정치사에서 가장 효과적인 정치적 거짓말로 남아 있다. 다 설명이 되는 거짓에서 위안을 찾기 전에, 애정하는 친구인 체임벌린이 주장하는 민족 이론과 군대 선전에 도취된 것은 엘자 브루크만뿐만이 아니었다. 수백만 명의 독일인도 마찬가지였다.

아니나 다를까, 금요일 저녁의 살롱 모임의 분위기는 바뀌었다. 전쟁 전의 평화로운 분위기가 많이 사라진 것이다. 더 이상 오기를 원하지 않거나, 초대를 받지 못한 이들이 있었고, 대화의 주제는 주로 괴테와 셰익스피어의 차이점이나 유사점 혹은 베토벤과 바그너의 뛰어남 같은 이전의 자유로운 주제가 아니었다. 이제 엘자는 자신이 유일하게 관심 있던 보수주의 혁명의 필요성에 관한 대화를 이끌었다. 그녀의 옛 구혼자인 휴고 폰 호프만슈탈도 그에 관해 할 말이 많았는데, 엘자가 보기에 시인의 이상은 너무 문학적이었으며, 정신과 삶, 교양이 너무 많이 등장했다. 그러나 체임벌린과 그 많은 시간을 보내고 나니, 그녀에게 인본주의는 강점이라기보다는 약점이며, 유럽의 전통적인 가치를 지키기 위해 독일인들이 보여야 할 것은 크라프트와 타트, 힘과 행동 의지라고 확신하게 되었다. 계몽주의라는 영혼 없는 합리주의 대신 보수 혁명이 일어나 기독교가 다시 한번 사회 질서의 기초가 되어야 하며, 모든 현대적이지 않은 것을 파괴하는 급진주의가 아니라 전통을 배양하여 모든 개인이 자신의 삶을 관료주의에 손에 넘어가지 않게, 어떻게 살아갈지 스스로 결정할 수 있도록 해야 한다. 무엇보다 중요한 것은 그렇게 해서 자본주의, 유물론적 유대인 정신이 사라지고, 독일의 예술, 문화, 학문 정신이 다시 유럽 문명을 이끌 수 있다는 것이다.

엘자는 1921년 1월, 뮌헨 전역에 굵은 고딕체로 아래와 같은 내용을 알리는 거대한 포스터가 걸려 있는 걸 보고 매우 기뻐했다.

국민사회주의

그리고 뮌헨의 반유대주의
저쿠스 크로네로 군중 집회
날짜에 맞춰 모두 참여하자

그날의 저명한 연설자들:
룬서 파르테이게노세
그리고 총통 아돌프 히틀러

2월 24일, 엘자는 연설을 들으러 온 수천 명 중 한 사람이었고, 그녀는 곧바로 열정에 사로잡혔다. 저쿠스 크로네는 수천 명의 사람으로 가득 찼고, 유명 인사도 더러 있었으며, 벽에는 거대한 나치 문양이 새겨진 길고, 붉은 깃발이 걸려 있었다. 브라스 밴드가 감동적인 연주를 하고, 연설자는 어둠 속에서 스포트라이트를 받으며 나타나 청중의 큰 환호를 받기 위해 단호한 걸음걸이로 앞으로 걸어가서는 마이크 앞에 자리를 잡았다. 흥분한 말의 홍수가 무대에서 계속 쏟아져 나왔고, 엘자는 계시를 경험하는 듯한 묘한 느낌을 받았다. 나이 든 체임벌린의 예언이 이제야 이루어지고 있다는 깨달음이었다. 영웅, 총통, 구원자가 등장해 독일 국민을 이끌어 유대교에 맞서 싸우고 확실한 승리를 이끈다는 것! 이 사람은 독일을 다시 위대하게 만들 인물이었다.

엘자가 느낀 종교적 감정의 분출은 바로 그 총통이 3년 후에 자서전《나의 투쟁》에서 "유대인에 맞서 스스로를 지킴으로써 주님의 과업을 위해 싸우고 있습니다(Indem ich mich des Juden erwehre, kämpfe icuh für das Werk des Herrn!)"라고 쓴 걸 보면 이해하기 쉽다.

두 시간 후 엘자는 여전히 군중에 둘러싸인 채 저쿠스 크로네를 떠날 때 어지러움을 느꼈는데, 그제서야 삶의 목적을 확실히 알게 되었으며, 그때까지 자신의 존재 전체가 그것을 위한 위대한 준비에 지나지 않았다는 생각에 사로잡혔다. 이후 그녀는 집에 가서 휴고에게 자신들은 히틀러를 돕기 위해 할 수 있는 모든 걸 해야 한다고 말했다. 그녀가 가장 먼저 한 일은 그의 신뢰를 얻는 것이었는데, 그녀의 매력과 살롱니에르로서의 자질이 있어 비교적 간단했다. 가능한 한 자주 그의 연설에 참석했고, 히틀러가 1923년 11월 8일에 전 장군 루덴도르프와 함께 도시 최고 정치인들을 공격해 바이에른에서의 권력을 장악하려고 했던 비어홀에도 갔는데, 그것은 베를린을 손에 넣으려는 첫 단추였다. 쿠데타는 처참하게 실패했고, 히틀러는 수감됐다. 그는 수감된 동안 《나의 투쟁》을 썼으며, 엘자는 자주 맛있는 음식을 싸 들고서 그를 면회했다. 히틀러가 석방되고 이틀 후인 1924년 12월 23일에 그는 휴고 브루크만과 엘사 브루크만 부부의 이름난 살롱에 대단한 존경을 받으며 참석했다.

그 다사다난했던 연말의 어두운 시기에 엘자는 촛불로 서재를 밝고, 멋지게 꾸몄다. 장신구로 크리스마스트리를 장식했고, 양초와 은색 천사 장식도 더했다. 대화는 활기를 띠었다. 히틀러는 자신이 하인과 수천 권의 책이 있는 근사한 집에 있다는 사실이 새로웠지만, 새로운 친구들 사이에서 편안함을 느꼈다. 엘자는 그뤼너 베틀리너 두 잔을 마시고 나니 마음이 편해져서 새로운 친구에게 하루 종일 말하고 싶었던 이야기를 털어놓을 수 있었다.

"히틀러 씨, 당신이 구세주의 탄생을 축하하는 이 아름다운 크리스마스에 지금 우리에게 온 것은 결코 우연이 아닐 거예요."

히틀러는 엘자에게 자신이 어떤 의미인지 정확히 알고 있었고, 그녀에게 감사하다는 표정을 지으며 말했다.

"기쁘군요, 브루크만 부인. 저도 이 자리에 있어서 기쁩니다.(Es freut mich, Frau Bruckmann. Es freut mich sehr, hier jetzt zu sein)".

엘자는 수감 중이던 히틀러를 보살폈는데도 그가 영양이 부족해 보인다고 걱정하며, 그가 자리를 떠날 때 잘 챙겨 먹고, 곧 돌아오라는 말을 전했다.

1925년 초에 히틀러는 더 자주 살롱을 찾았고, 두 명의 충실한 지지자들도 데리고 왔다. 한 사람은 그가 국민사회주의 독일 노동자당에서 자신의 보좌관으로 임명한 충성스러운 친구인 루돌프 헤스였으며, 당의 지식인인 알프레드 로젠베르크 박사도 브루크만 부부에게 소개하는 것이 적절해 보였다.

엘자의 옛 친구들은 더 이상 오지 않았고, 그녀도 그들을 그리워하지 않았다. 그녀도 히틀러처럼 그런 탐미주의자들을 필요로 한다면 유대인 정신과의 전쟁에서 승리할 수 없다고 확신하게 된 것이다. 휴스턴 체임벌린은 건강이 좋지 않아 참석할 수 없었지만, 엘자는 히틀러를 걱정하는 두 명의 새로운 여성 친구들과 함께여서 기뻤다. 그 두 사람은 대부호 피아노 제조업자 에드윈 벡스타인의 아내인 헬레네 벡스타인과 바그너의 아들인 지크프리트의 아내 비니프레드 바그너였다. 헬레네와 위니프레드 두 사람 모두 감옥에 있던 히틀러를 자주 찾아갔고, 헬레네는 매혹적인 아름다움을 이용해 그와 아주 친밀한 관계도 맺었는데, 거리낌 없이 그를 '나의 작은 늑대'라고 부를 수 있었다.

세 사람 모두 같은 임무를 공유한다는 사실을 깨달은 엘자와 헬레네는, 위니프레드가 히틀러는 자신들의 보탄(Wotam, 오딘, 북유럽 신화의 주신)이고, 그들 셋은 그의 발퀴레(Walküre, 전쟁의 여신)라고 했을 때 매우 기뻐했다. 정말이었다! 히틀러가 이곳 지상에서 그의 임무를 완수하는 것은 그들에게 달려 있었다. 어려운 시기였으니까. 히틀러는 다시 자유의 몸이 되었지만, 공개적으로 연설을 하는 것은 금지됐다. 그가 속한 당의 인기는 전쟁의 여파로 부풀었던 만큼 빠르게 식었고, 세 사람 모두 대단한 여자의 직감으로 히틀러의 불안함을 느꼈다. 그들은 히틀러가 1923년 11월에 있었던 쿠데타가 실패해 체포되었을 때, 자살하려고 했다는 사실을 알고 있었다. 그에게 자신감과 용기를 되돌려줄 수 있는 것은 그의 발퀴레들이었다. 헬레네는 그에게 멋진 양복을 사 주었고, 커다란 붉은색 메르세데스를 선물해 그를 놀라게 했다. 비니프레드는 독일에서 엄청난 인기였던 숭배자 집단인 바그너 컬트에 그가 참석할 수 있게 한 후, 그를 그들의 대표로 만들며 헌신했다. 한편, 엘자는 언제나 배려심 깊은 어머니 같은 애인이었다. 휴고와 함께 히틀러가 살롱에서 주요 기업가들과 만나는 자리를 만들고, 그들이 히틀러를 지원하도록 주선했다.

휴고가 히틀러의 《나의 투쟁》을 감히 출판하지 못했던 것은 그런 급진적인 책을 출판해 유대인 서적상들과의 관계가 소원해질 것이 두려워서였다. 후에 그는 그 책의 대단한 상업적 성공을 두고 자신의 결정을 후회했는데, 1927년에는 앞장서서 히틀러의 팸플릿인 《재기를 향한 길》을 출판했다. 그 책 역시 기업가와 주주들을 겨냥한 것으로, 평화주의와 영원한 세계 평화에 반대하는 히틀러의 정치적 입장을 간결하게 요약한 것이다. 타깃층 중 다수는 히틀러의 믿음을 함께 나누었는데, '베르사유 독재'와 그 조약이 독일에 부과한 배상금은 받아들일 수 없으며, 독일이 다시 강력해지는 것이 아주 합리적이라는 믿음이었다. 그들은 군수산업을 통해 이에 기여하고자 했다.

나치 독일의 보탄은 그의 발할라로 가는 길에 세 명의 발퀴레들이 어떻게 그를 도왔는지 결코 잊지 않을 것이다. 〈신들의 황혼〉, 붕괴는 이미 진행 중이며, 베를린의 발할라가 화염 바다에 둘러싸였을 때도, 총통은 1945년 2월 23일, 엘자의 80번째 생일을 맞아 맛있는 음식 꾸러미와 그가 쓴 애정 어린 편지를 그녀에게 전달할 수 있었다. 체임벌린에 따르면 자유와 충성심은 특징이 가장 잘 드러나는 특성이었다. 엘자와 총통은 그 사실을 절대 잊지 않았다. 그들은 죽을 때까지 서로에게 충실했다.

세계 질서가 된 거짓

1925년 초에 브루크만 가족이 새로운 살롱의 손님으로 히틀러와 그의 부하들을 맞이했던 카롤리넨플라츠에서부터 아름다운 영국 정원을 지나 이사르강을 건너 35분 정도 걸리는 거리에 있는 포싱어가 1번지에는 토마스 만과 카티아 만이 여섯 자녀와 함께 11년을 살았던 멋진 집이 있다. 차가운 1월의 고요한 이른 시간, 토마스 만은 서재 안 커다란 마호가니 책상에 앉아 있고, 책장에는 열네 살 때 아버지에게서 크리스마스 선물로 받은 실러의 작품 전집이 꽂혀 있으며, 괴테, 쇼펜하우어, 니체, 톨스토이, 도스토옙스키 같은 작가들의 작품도 있는데, 한편으로 이 보물 같은 책들 때문에 크게 걱정되었다.

그는 불과 3개월 전인 1924년 10월에 《마의 산》을 출판했다. 그 책은 배움의 장으로서의 삶, 사랑과 죽음에 대한 중요한 질문, 인류가 품은 문제, 세계관의 충돌, 유럽의 미래, 예술의 의미, 삶 전반의 의미를 담은 방대한 소설이 되었다. 그는 이 책을 교양 소설의 전형으로서 '삶에 대한 지적 명확성을 만드는 것'을 목표로 했다. 그는 자신의 삶도 명확하기를 원했다. 그 역시 한때 '보수 혁명'을 옹호했지만, 그 혁명이 정치적인 것이 아닌 정신적인 것이기를 원했다. 그도 전쟁 당시에는 독일 문화가 서구 민주주의보다 우월하다 믿었지만, 문화와 민주주의는 분리될 수 없다는 걸 이제는 깨달았다. 그는 "이 전세계적인 죽음의 축제에서, 비 오는 저녁 하늘을 온통 불태우는 추악하고, 발정난 열병에서 벗어나, 언젠가 이 속에서도 사랑이 떠오를 수 있을까?"라는 희망적인 질문을 던지며 소설을 마무리한다.

뮌헨에서 있었던 사건들과 신문에서 읽은 기사들로 인해 그는 이 단호한 질문에 대한 긍정적인 답을 얻지 못할 것이라는 두려움을 느꼈다. 앞서 1921년 9월에도 만은 근본적인 질문을 하나 던졌다. 자신이 태어난 뤼베크에서 '괴테와 톨스토이'라는 제목으로 강의를 했는데, 당시 쓰고 있던 소설 《마의 산》 속 관점에서 두 문학계의 거물이 교육과 지적 발달에 관해 얼마나 다르게 생각했는지 썼다. 만은 이렇게 강의를 마쳤다.

"우리는 지중해-고전-인문주의 전통이 모든 인류에게 중요한 것으로 여겨질 정신적 유산인지, 그래서 영원하며, 보편적인 것인지, 혹은 그저 하나의 생각, 부르주아 자유주의 시대의 부수적인 부분에 지나지 않기에 그 시대와 함께 사라질 것인지 질문해야 할 것입니다."

그의 책상 위에는 그날 강연에서의 글이 놓여 있었는데, 그걸 긴 논평으로 작업해《노력》이라는 제목의 출판 예정인 평론집에 넣고 싶었다.

1921년만 해도 유대교 기독교, 그리스 철학자들로부터 파생된 인류의 도덕적이고, 정신적인 가치가 모든 인류에게 영원한 가치가 있는지, 아니면 니체가 예상한 것처럼 그리스 신화 속 망각의 강인 레테에 떠내려가는지의 중대한 질문에 명쾌한 답을 할 수 없었다. 이제 그 답을 할 수 있었다. 그는 만년필로 이렇게 썼다.

유럽은 이미 그 질문에 답을 한 듯하다. 반자유주의 반동은 그렇게 보이는 것 이상으로 손에 만져질 것 같다. 그것은 민주주의와 의회 정부의 혐오에서 나오는 외면, 독재와 테러를 향해 찌푸린 채 완전히 돌아선 정치적 표현에서 찾을 수 있다. 이탈리아의 파시즘은 러시아 볼셰비즘의 꼭 맞는 한쪽이다. 고상한 제스처나 가면극은 인간에 대한 본질적인 적대감을 숨길 수 없다. 나는 독일의 파시즘이나 그 기원을 이해할 수 있는 상황에 대해 자세히 설명하지는 않을 것이다. 전 세계적인 유대교에 대한 반감뿐만 아니라 인도적인 영향을 미치는 기독교에 대한 반감을 지닌 인종적인 종교라는 말로도 충분하다. 그 성직자들 역시 우리의 고전 문학 인문주의에 대해 더는 우호적으로 행동하지 않는다. 그것은 이교도의 민간 종교이자 보탄 숭배로, 적대적이고, 낭만적인 야만 행위다. 오로지 독일 원시 유산을 활용해 고전 교육의 흐름을 살피려는 문화 및 교육 분야와만 일치하는 것이다.

토마스 만은 파시즘이 무엇인지 알기 위해 히틀러의 《나의 투쟁》을 읽을 필요가 없었다. 이미 1923년부터 '뮌헨은 히틀러의 도시'라고 판단하고서 바라볼 만큼 많은 것을 보고, 들었다. 게다가 그는 '낭만적인 야만성'의 세계관에 익숙했다. 향수 어린 욕망, 낡고 희미한 것에 집요하게 집착하는 전통주의, 비판 정신에 대한 비합리주의와 적개심, 민중과 원초적인 것들에 대한 우상화, 영웅의 죽음을 숭배하는 것과 함께 부풀려진 활력론, 예술의 메시아주의, 바그너에 대한 헌신, 총통에 대한 깊은 열망 같은 것들 말이다. 토마스 만은 독일 정신과 인종차별의 유혹을 알고 있었고, 그것이 얼마나 위험한지도 알았다. 1911년 9월에 지인에게 쓴 편지에서 이렇게 썼다.

"괴테는 바그너를 아주 불쾌한 현상으로 여길 수밖에 없었을 테지. 독일인들은 괴테나 바그너 중 한 사람을 선택해야 했거든. 둘은 어우러질 수 없어. 난 사람들이 '바그너'를 선택할까 두렵네. 하지만 그렇지 않다면? 모든 독일인은 대단한 능력을 지녔지만, 비열한 성격의 코멘소리를 내는 작센 출신 난쟁이보다, 괴테가 총통으로서, 민족의 영웅으로서 비교할 수 없을 정도의 존경과 신뢰를 받아 마땅하다는 것을 마음속 깊이 알아야 하지 않을까? 추구되는 것, 그것이 문제야."

만의 도덕적 잣대인 양심은 괴테를 선택하도록 했고, 그 결과 제 1차 세계대전 이후 '삶에 대한 지적 명확성'을 얻어《마의 산》이 탄생했으며, 눈길이 닿는 곳마다 보이는 파시즘의 출현에 맞서 싸우기 위해 자신이 원하는 모든 수단을 활용하려는 정치적 용기를 찾았다.

1925년 7월 18일에 히틀러의《나의 투쟁》제 1권이 〈결산〉이라는 부제로 출판되었을 때, 만은 사지 않았다. 책 내용을 알 수 있었기 때문이다. 책은 출판된 후 단숨에 대성공한 베스트셀러가 되었고, 그해 말까지 수만 명의 열렬한 독자층을 낳았다는 사실에 그의 걱정은 더 커졌는데, 뮌헨의 정치적 분위기가 점차 유독해지는 걸 목격한 것이다. 나치가 시의회 의석을 차지했고, 나치는 아니지만 그에 동조하는 시장과 함께 1925년에 새로운 문화 정책이 도입되어야 한다는 결정이 내려졌다. 이는 "민중의 숭고한 표현과 오랜 전통을 알리고, 새로우면서도 상류 사회에 맞으며, 독일적이지 않은 것을 지양해야 한다는 것으로, 그렇게 우리의 문화가 순수하게 독일적이고, 기독교적인 것으로 존속함으로써 그들에게 기쁨을 주고, 그들의 마음과 정신을 고상하게 하기 위함이다"라는 목적을 보장한다는 것이다.

1926년 여름, 이런 사람들이 모여서는 시의회 다수의 동의를 얻어 어떤 방식으로든 독일을 모욕하는 모든 글을 금지해야 한다고 결정했다. 만과 그의 친구들은 바로 이때 그들이 행동에 나서야 한다는 걸 알았는데, 그런 법은 독일을 비판하는 사람을 사회에서 추방하려는 것과 다름없기 때문이다.

만은 1926년에 뮌헨 게젤샤프트 설립에 앞장섰고, 11월 2일에 슈타이니크의 유명 서점에서 공청회를 열 것을 제안했다. 그날 저녁에 토마스 만은 9년 전에 막스 베버가 그의 유명한 《직업으로서의 학문》 강연을 했던 바로 그 작은 무대에 섰다. 만은 개회사에서 "전쟁 전의 뮌헨은 유럽의 중심이었지만, 지금은 독일의 지방 도시가 되는 지경에까지 이르렀습니다."라는 한 외국인의 시각에서 쓴 신문 기사를 인용했다. 그는 계속해서 뮌헨이 항상 자유주의적이고, 예술적이며, 진보적인 도시였던 것에 짧은 서정시를 부치면서 이렇게 말했다.

"무엇보다도 이 도시는 반유대주의 민족주의와 신은 악한 어리석음을 안다며 자진해서 혈통과 생명선에 중독된 지금의 베를린 같은 도시가 되지 않도록 주의해야 합니다. 베를린과 달리 뮌헨은 항상 책을 사고 읽는 도시였으며, 작가들은 많은 독자층을 기대할 수 있었어요. 우리가 이 협회를 설립하는 이유는 혈통 중독을 해독하고, 교화, 해방, 정신에 의한 정신 치유를 위한 대규모의 광범위한 사회 운동을 시작하기 위함입니다."

슈타이니크 서점의 그 공간에서 사람들은 동의하며 고개를 끄덕였고, 몇몇 여성들은 큰 소리로 찬성을 표하기도 했다. 하지만 서점 밖에 있던 많은 사람들은 토마스 만이 무슨 이야기를 하는지 말 그대로 전혀 알 수 없었다. 베를린이나 로마 등 유럽의 많은 다른 도시처럼 뮌헨은 정신을 마비시키는 정치적 바이러스로 인한 전염병을 겪고 있었다.

바이러스의 정체는 막스 베버에게 큰 영향을 준 스승이자 프랑스 사회학자인 귀스타브 르 봉의 1895년에 프랑스어로 출판된 《군중심리》에서 처음으로 밝혀졌다. 작가는 모든 주요한 사회적 변화는 사람들이 가진 특정한 근본적인 생각이나 신념의 변화에 의한 것일 수 있다고 지적한다. 그는 이어서 산업혁명과 함께 새로운 시대, 민중의 시대가 열렸다고 썼다. 이제 모든 권력은 민중에게, 아니, 민중의 지도자에게 있다고.

또한 문명을 이루는 도덕적 기둥이 흔들리면 민중은 폭도처럼 날뛰면서 그 문명을 무너뜨린다는 것은 역사적 사실이라고 주장한다. 민중이란 집단정신의 지배를 받는데, 선전과 선동을 통해 집단정신을 통제하는 사람이라면 누구나 민중을 완전히 통제할 수 있는 것이다. 민중을 통제하는 관념은 언제나 단순하며, 원시적 본능의 반향으로, 그렇지 않다면 결코 대중화될 수 없다. 도취된 상태에서는 독립적이거나 비판적인 사고가 사라지니까.

르 봉은 지식인들이 이런 집단 정신증에 영향을 받지 않을 거라 믿는 것은 환상이라고 말하는데, 자신의 열정과 본능에 휩쓸려 민중 속에 스며들고 싶다는 유혹을 느끼면 그들의 비판적 능력은 작동하지 않고, 같은 도취의 결과로 권력과 적의로 인해 도취된 상태가 오랫동안 유지될 것이라고 했다.

그런 이유로 파시즘 바이러스는 1920년대에 빠르게 번졌고, 수많은 지식인, 특히 보수주의자들을 감염시켰다. 토마스 만은 1925년에 《나의 투쟁》이 출간된 이후, 한때는 절친한 친구이자 가장 아끼던 딸 엘리자베스의 대부였으며, 시인이자 독일 학자인 에른스트 베르트람 박사가 히틀러의 신봉자임을 표명했을 때 분노와 실망, 큰 고통을 느꼈다.

여러분의 가장 친한 친구이며, 언제나 가까운 사이라고 생각했고, 많은 시간을 함께 보내며 지적 즐거움과 인생에 관한 질문으로 끊임없는 대화를 나누었던 사람이, 알고 보니 여러분이 마음속 깊이 경멸하는 세계관을 받아들였다면, 혹은 눈치채지 못하는 사이 그렇게 되었다면 어떻게 하겠는가? 지식인들은 그러하듯이, 오랜 논쟁이 이어지며, 하나의 주장에 다른 주장이 맞서는데, 그들은 종교-정치적 신념인 이데올로기를 이해할 수 이런 논쟁이 관련이 없다는 게 분명해질 때까지 이어 나간다. 여러분은 상대에게 경고하고, 어떤 불가피한 결과가 따를 것인지 보여 주려 할 것이다.

1년이 넘게 히틀러가 집권했고, 만은 같은 기간 동안 망명 생활을 하며 베르트람에게 편지를 썼는데, 그는 편지에 미래가 불러일으킬 일에 대해 경고하면서 서로를 비난했던 때를 언급했다.

서로 간에 경고가 오고 갔고, 이후 1934년 7월 30일에 독일은 히틀러의 것이 되었다. 기이한 운명의 장난으로 히틀러는 의회 민주주의를 완전히 없애 절대 권력을 손에 쥐었는데, 플랭클린 루스벨트가

1933년 3월 4일에 워싱턴 DC에서 미국의 제32대 대통령으로 취임한 지 3주도 채 되지 않은 때였다. 그는 미국인들에게 전하는 취임 연설에서 이렇게 말했다.

"우리가 두려워해야 할 유일한 것은 두려움 그 자체라고 확고히 믿습니다."

나치 독일의 상황은 얼마나 달랐는가? 나치 돌격대의 갈색 셔츠를 입은 건달 갱단은 유대인과 제3제국에 설 자리가 없다고 생각하는 모든 사람을 공포에 떨게 할 기회라면 절대 놓치지 않았다. 유대인들은 이미 법으로 공무를 행하거나 수영장이나 도서관 같은 공공장소에 들어가는 것이 금지되었다. 독일 국민은 모든 유대인 상점과 사업체를 보이콧하고, 특히 나치 정권의 이념에 순응하지 않는 사람은 누구든 신고하라는 적극적인 권고를 받았다. 총통에 대해 농담을 하는 건 아주 위험해졌다. 독일 제국 의회 방화 사건 이후 이렇게 말하는 것처럼.

"히틀러가 모세에게 말했다네, '모세 님, 비밀을 저한테만 말씀해 주세요. 사실이죠? 당신이 불꽃만 일고 타지 않는 나무 덤불에 불을 붙인 것이요.'"

뮌헨에서 20km도 채 떨어지지 않은 곳에 위치한 첫 강제 수용소인 다하우 강제 수용소는 이미 완전히 가동되고 있었다. 1925년에 토마스 만이 예상한 것과 정확히 맞아떨어져, 국가 사회주의는 새로운 종교가 되었다. 구세주가 된 총통은 수백만 명의 숭배를 받았고, 예배식이 있는 대중 집회가 열렸으며, 교육과 문화, 미디어까지 모든 걸 아우르는 선전은 집단 지성에 증오, 인종차별, 두려움, 독일 정신과 민중의 우월성에 대한 믿음을 심고 있었다. 정말 많은 예술계와 지식인 엘리트들이 나치 당원들만큼 파시스트 바이러스에 심각하게 감염되었다.

폰 카라얀과 푸르트벵글러 같은 지휘자, 리하르트 슈트라우스, 한스 피츠너 같은 작곡가, 그리고 학계의 많은 이들은 나치 이데올로기에 쉽게 순응한 군대와 함께 어려움 없이 지지를 표했다. 나치 당원 번호 3-125-894인 마르틴 하이데거 박사는 프라이부르크 대학의 총장으로 선출되어 고등 교육 분야의 더 높은 자리에서 위대한 총통이자 수상인 아돌프 히틀러의 이상에 기여하고자 했다. 유감스럽게도 하이데거는 나치가 저속한 국가 사회주의에 갇혀 있다는 사실에 대한 좌절감과 히틀러의 이상적인 '지적 국가 사회주의'를 창조하는 데 그를 따르고 싶지 않았기 때문에 1년 만에 사임을 고려해야 했다.

하이데거의 동료인 에른스트 베르트람 박사는 1933년 5월 7일에 그의 대학 학생들이 주최한 '비독일 문학 불태우기 축제'에서 멋진 쇼를 선보였다. 학생들이 불길에 책더미를 던지는 걸 허용해야 하는지 교수들이 논의하는 자리에서 베르트람은 오랜 친구인 토마스 만과 프리드리히 군돌프의 책은 그런 운명을 맞아서는 안 된다고 집행위원회를 설득하기 위해 최선을 다했다. 그는 약속을 받아냈다. 하지만 프로이트, 마르크스, 슈테판 츠바이크, 하인리히 만, 리온 포이히트방거, 레닌, 프란츠 베르펠, 알프레드 되블린 등 많은 작가들의 책을 불태우기로 한 결정에는 학생들의 정신과 영혼이 오염되지 않도록 흔쾌히 동의했다.

시인이기도 했던 베르트람 박사는, 그 책들을 불길 속에 던지던 열성적인 학생들을 위해 종교 재판의 화형식인 아우토다페 동안 그의 학생 중 하나가 큰 소리로 읽어달라고 요청한 시를 썼다. 거기에는 다음과 같은 감동적인 구절이 포함돼 있다.

혼란스럽게 하는 것을 거부하고
유혹을 비난하라!
순수한 의지가 자리하지 않은 것은
우리를 위협하는 불길 속으로!

베르트람은 약속한 것과는 반대로 토마스 만의 책도 불길 속에 던져졌음을 알았을 때 짜증을 내며 자리를 떠났다. 얼마 지나지 않아 괴벨스 박사가 예외는 있을 수 없으며, 토마스 만과 같은 국가의 적은 더욱 그렇다고 말한 사실을 듣고 베르트만은 그럴 듯하다고 느꼈다.

1934년 7월 30일에 만은 그의 오랜 친구인 베르트람에게 이렇게 썼다.

"자네에게 많이도 말했지, 곧 보자고. 그러면 자네는 고집스럽게 답했어, '당연히 그래야지.' 아직 못 보았는가? 아니겠지, 피 묻은 손이 자네 눈을 가리고 있고, 이른바 '보호'라는 것을 자네가 지나치게 호의적으로 여기고 있으니. 독일의 지식인들은 진실을 가장 마지막에 직시하게 될 걸세. 그들은 이미 너무 깊이 빠졌고, 지독하게 연루되어 있는데, 그건 그들이 자초한 것이야."

에른스트 베르트람 박사는 다른 많은 교수들처럼 보고 싶지 않은 것에서 눈을 돌리고 있었다. 파시즘 바이러스 감염의 첫 징후는 항상 이랬다. 인간 정신의 주요한 능력이 없어지면서 양심도 함께 사라지는 것이다.

세월이 흘러 1944년에 토마스 만은 로스엔젤레스 퍼시픽 팰리세이즈의 언덕에 위치한 야자수가 무성한 정원으로 둘러싸인 커다란 흰색 빌라에 살고 있었다. 친구가 된 아인슈타인처럼 그해 6월 23일 미국 시민이 되었다. 그는 미국에 감사했다. 그와 그의 가족, 수백만 명의 다른 망명자들과 이민자들에게 안전한 새 조국을 안겨 준 것이 고마웠다. 미국인들이 프랭클린 루스벨트를 대통령으로 뽑은 사실에도 감사했다. 루스벨트를 향한 그의 존경, 정확하게는 애정은 무한했다. 파시즘은 세계에서 가장 위대한 이곳의 민주주의 지도자의 도움으로 무너질 것이며, 만은 백악관에서 대통령의 손님으로 며칠을 머문 시간을 특히나 자랑스럽게 여겼다. 만은 미국이 그에게 관대한 이유가 보통 미국인 친구들이 보기에 그가 히틀러에 대항할 가장 중요한 인물이기 때문임을 깨달았다. 어쨌든 달러의 관대함 덕분에 그는 다시 이렇게 커다란 새집에서 책이 줄지어져 있는 서재에 아끼는 마호가니 책상에 앉아 아침에는 글을 쓰며 시간을 보낼 수 있었다.

그는 무척 감사한 마음은 들었지만, 미국에 대단한 애정을 느끼지는 못했다. 일기에 미국을 '영혼이 없는 곳'으로, 물질적 이익이 가능한 정도에 따라 성공이 측정되는 곳이라고 털어놨다. 유명한 '태평양의 바이마르'를 결성한 로스앤젤레스에 망명해 살고 있는 대부분의 독일 작가와 예술가들이 느낀 엄청난 좌절감은, 그들이 매일같이 직면했던 심적 상태였다. 베르톨트 브레히트, 하인리히 만, 아르놀트 쇤베르크, 막스 라인하르트, 한스 아이슬러는 히틀러가 권력을 잡기 전에 모두 독일에서 예술적으로 우수하다고 찬사를 받은 인물들인데, 웨스트코스트에서 가장 크고, 부유한 고용주인 할리우드만의 예술성에 대한 관념에 놀랐다. 1928년에 유럽에서 로스앤젤레스로 이주해 가난에서 벗어난 유대인계 여배우 살카 피르틀은 그레타 가르보의 각본가로서 괜찮은 삶을 꾸릴 수 있었고, 그 누구보다 할리우드의 법칙을 잘 알게 됐는데, 무지한 유럽 출신 예술가를 위해 그 법칙을 다음과 같이 요약했다.

"제작자들이 원하는 것은 독창적이면서도 친숙하고, 독특하지만 대중적이고, 도덕적이지만 섹시하고, 진실하지만 아닌 것 같고, 부드러우면서도 폭력적이며, 매끄럽지만 고상한 걸작이다. 그런 게 나오면 그들의 높은 급여가 타당함을 보여 주기 위해서 '그 일에 착

수'해 '상업적으로' 만든다."

살카 피르틀은 태평양을 마주보는 매버리가에 위치한 그녀의 집에서 일요일 오후에 살롱을 열었고, 유럽에서 온 망명자들은 그곳으로 모였다. 토마스와 카티아 만이 참석하기를 좋아했고, 하인리히만과 그의 여자친구인 넬리도 그랬는데, 넬리가 종종 술을 너무 많이 마시는 바람에 모두들 그녀를 조금 저속하다고 여겼다. 스트라빈스키는 시간이 날 때면 찾아왔는데, 쇤베르크는 스트라빈스키가 거기에 없다는 확신이 들 때 왔다. 단골에는 프란츠 베르펠과 그의 아내 알마 말러, 아도르노, 호르크하이머, 지휘자 브루노 발터와 오토 클렘페러, 올더스 헉슬리가 있었다. 찰리 채플린은 환영받는 손님이었다. 살카는 잠시만이라도 '집으로 돌아가기를' 원하던 유럽인을 만나서 기뻤는데, 유럽인으로서 함께 느끼는 감정이었기 때문이다. 음악이 흘러나오고, 사람들이 슈베르트와 베토벤, 바그너의 슬픈 음악을 들을 때, 살카가 테이블 위에 올려놓은 비엔나식 케이크와 폴란드식 별미가 그 기분을 더 끌어올렸다. 1944년 6월 6일 이후, 그들은 연합군이 유럽에서 진격하는 소식을 빈틈없이 챙겼고, 그걸 공유했다. 그들이 나눈 모든 대화는 결국에 유럽, 독일, 미국, 그들 자신의 미래가 어떻게 될 것인지로 이어졌다.

하지만 토마스 만은 그다음 날 아침에 다시 책상 앞에 앉거나, 산타모니카의 오후의 태양 아래 광활한 바다 옆 대로를 따라 긴 산책을 하고 나면, 그의 생각은 미래가 아니라 과거, 뮌헨, 그리고 현재 독일의 모습, 왜 독일이 히틀러의 제3제국이 되었는지에 대한 의문으로 바뀌었다.

1943년 5월 23일에 그는 《파우스트 박사》를 쓰기 시작했다. 악마에게 영혼을 팔아 영감을 산 천재적인 작곡가의 삶을 그리면서, 만은 독일의 운명, 시대의 위기, 예술의 위기를 이야기하고 싶었다. 그것은 지적 오만함과 도덕적 맹목, 예술 추종과 인간성을 자체적으로 구원할 수 있다는 망상의 결과로 인한 탐미주의와 야만성 사이의 긴밀한 관계를 다룬 쓸쓸한 이야기다. 만은 파시즘과 나치즘은 본래 정치적인 현상이 아니라 엘자 브루크만의 살롱에서의 모임을 통해 잘 알고 있던 독일 정신의 문화에 뿌리를 두고 있다고 확신했다.

그가 소설의 각 장을 위해 모은 기록 안에는 제1차 세계대전 이후 뮌헨에서 교수, 예술가, 저명한 기업가, 귀족계층 인사들이 어떻게 한데 모여 좋은 와인을 마시고, 사회를 분석하며, 결론을 내렸는지 묘사하고 있다. 그 결론에는 민주주의에는 미래가 없고, 그 시대는 독재적인 통치에 의해서만 통제될 수 있는 군중의 시대였으며, 그런 군중에게 맞춰진 신화는 정치적 운동의 수단이 되어야 한다는 것, 우화나 환상, 음모론은 진실, 이성, 학문과는 전혀 관련이 없지만, 정치권력을 장악할 수 있게 한다는 것을 말하며, 곧 폭력이 진실에 대항해 승리를 거머쥐게 될 것이라는 내용이었다. 마침 그의 아들 골로가 스위스 신문 기사를 그에게 보냈을 때이기도 하다. 뮌헨에 있는 그의 아버지의 오랜 지인에 관한 기사였다. 그 편지를 받은 지 3일 후인 1944년 10월 4일, 만은 자신과 아인슈타인을 포함한 다른 사람들이 있는 고등연구소에서 멀지 않은 프린스턴에서 지내는 오랜 친구이자 여전히 아끼는 에리히 칼러에게 장문의 편지를 썼다.

독일의 모든 것에 대한 나의 반감이 지금 엄청나게 커지고 있네. 불가능하고, 희망이 없는, 진정으로 가증스러운 단일 인종이지. 그들은 배운 게 없고, 아무것도 이해하지 못했으며, 후회라는 것도 없고, 그들이 끼친 그 모든 해악에도 영웅이 될 수 없다는 걸 눈곱만큼도 알지 못하고, 그들의 신성한 독일 땅은 불의와 비열한 짓거리로 이미 오래전에 신성을 잃고서 더럽혀졌다는 사실을 조금도 느끼지 못한다네. 그럼에도 그들은 히틀러나 힘러와 함께 어리석음과 무비판적으로 자신들에게 주입된 광신을 이어 나가겠지. 가여운 일이며, 충분히 사람을 절망에 빠뜨릴 수 있어. 골로가 《바슬러 국민신문》에서 이 기사를 읽었대.
"엘자 브루크만 부인(칸타쿠젠 공주)이 루체른 축제에 참석했다. 그녀는 미국인들을 몹시 저주했다. 그들이 의도적이고, 체계적으로 독일의 어린이 병원을 폭격했을 것이라고 말이다. 기자는 차분하게 이에 대한 의구심을 전하며, 그녀에게 독일군이 저지른 끔찍한 아동 학살에 관해 묻자 이렇게 답했다. '하지만 그건 비교할 수 없죠. 그 아이들은 유대인이었잖아요!'"

《나의 투쟁》과 같은 해인 1925년에 독일에서 출판된 소설 중, 총통의 작품처럼 곧장 베스트셀러가 된 것은 아니었지만, 세계 문학의 주요한 작품 중 하나로 항상 거론되는 소설인 프란츠 카프카의《심판》에서 중심인물인 요제프는 한 신부의 궤변에 짜증이 나 분노하며 외친다.

"거짓이 세계 질서가 되었다.(Hier wird die Lüge zur Weltordnung gemacht.)"

게다가 이 책은 1925년 당시에 히틀러의《나의 투쟁》과 함께 등장해, 살롱니에르 엘자 브루크만 부인과 에른스트 베르트람 교수, 그밖에 모두가 그런 거짓 세계의 적나라한 예시라는 가장 통찰력 있는 논평이었다.

고상한 어리석음.
소외된 이들을 위한 유산

1935년 6월 21일 금요일 저녁. 파리에 있는 공연장인 메종 드 라 뮈뚜알리떼의 문이 열린 것은 8시였다. 많은 사람이 몰려들었고, 곧 강당과 발코니에 있는 의자 3,000석 모두가 가득 찼다. 자리가 없는 수백 명은 밖에 서 있었다. 일 년 중 낮이 가장 긴 날로 그 시간에도 여전히 밝았으며, 여름 저녁은 따뜻했다. 두어 개의 확성기가 밖에 설치되어 있어서 들어오지 못한 사람들도 이 대단하고, 특별한 행사를 들을 수 있었다.

독일에서는 히틀러가, 이탈리아에서는 무솔리니가 권력을 잡았고, 파시즘 정신은 유럽 전역에 급속도로 퍼지고 있었다. 파시즘은 거짓의 정치였으며, 그것이 세계 질서가 된다면, 그 어떤 문화도 더는 존재할 수 없었다. 그런 깨달음과 작가로서 거짓, 특히 반유대주의 프랑스 엘리트가 무고한 유대인 장교 알프레드 드레퓌스에게 가한 불의에 맞서 싸울 용기를 보인 에밀 졸라의 영웅 같은 이야기에 고무되어, 유럽과 미국, 소련 출신 200여명의 작가들이 문화 수호를 위해서라는 주제로 열린 국제 작가 모임에 6월 21일부터 25일까지 파리에 모이라는 요청에 응답했다. 세계 질서가 된 거짓에 맞서 저항하는 길을 제시하려 했던 존경하는 작가와 지식인들의 열성적인 연설을 듣고서 격려를 얻을 수 있는 특별한 기회였기 때문에 대중은 큰 관심을 보였다.

다루어질 주제로는 사회 내 작가의 역할, 개인, 휴머니즘, 사상의 존엄성 등이었다. 연설자로 초청된 유명인들 중에는 상임간부회 회원인 E.M. 포스터와 올더스 헉슬리, 막스 브로트, 안나 제거스, 그리고 네덜란드인 멘노 터르 브라크가 있었다. 스탈린은 당에 충성하는 상당한 수의 작가들을 보냈는데, 여전히 스탈린을 믿었던 지드와 말로의 설득에 바벨과 파스타르나크도 파리로 파견됐다. 많은 사람들이 토마스 만의 불참을 아쉬워했는데, 그는 하버드 대학교에서 명예박사 학위를 받아 백악관에서 루즈벨트 대통령과의 첫 만찬에 참석하기 위해 미국을 방문 중이었다. 그래도 만 가문에서는 그의 형제인 하인리히와 아들 클라우스가 대표로 참석했다.

오스트리아 작가 로베르트 무질이 참석한 것은 놀라운 일이었는데, 그는 신장 질환과 전립선 질환을 앓고 있어서 화장실에 자주 가야 했기 때문에 몇 시간 동안이나 한 공간에 꼼짝없이 있는 걸 조심해야 했다. 하지만 이번 일은 그가 한 번도 가 보지 못한 파리를 방문할 기회였고, 항상 붙어 있는 아내 마르타와 함께 여행하려고 파리와 빈 간의 1등석 기차표를 2등석 표 2장으로 바꿨다.

회의가 분명히 의도한 것은 정치적 메시지를 전달하는 것이었지만, 무질은 정치적인 행동에는 별 관심이 없는 사람이었기 때문에 그의 참석이 주목받았다. 그는 일기에 이렇게 썼다.

"나는 제국을 다스리는 것보다 책을 쓰는 것이 더 중요하다고 생각한다. 그게 더 어려운 것이고."

무질은 정치인들이 거짓말만 늘어놓는 문화라고 생각해서 정치에는 관심이 없었지만, 자신의 인생을 진실에 공헌하고 싶었다.

무질은 물리학을 공부했고, 엔지니어 교육을 받았다. 자연과 기술은 절대 거짓말을 하지 않기에 매력적으로 다가왔다. 하지만 공학계는 그의 숙명이 아니었고, 대학에서 철학을 공부해 진리를 경험적으로 관찰할 수 있거나 수학적으로 증명이 가능한 것으로 환원시키는 철학인 논리적 실증주의의 창시자 물리학자 에른스트 마흐의 연구에 대한 논문으로 박사 학위를 받았다.

1922년에 제1차 세계대전 이후의 유럽을 평가한 강의에서 무질은 이렇게 보았다.

"과학, 통계, 기계, 수학, 실용주의, 숫자, 사실의 모래언덕과 인간성의 군중 모델에서 거부된 자급자족의 정신이 오늘날 승리했다."

유의미한 진리를 어디에서도 찾을 수 없었기 때문에 현실과 삶이 사실상 무의미해졌다는 것이 이 승리의 결과다.

그러한 깨달음은 그가 남긴 기록의 핵심이기도 했다.

"각각의 시대에는 지침, 존재의 이유, 이론과 윤리의 균형, 신 등이 있어야 한다. 경험주의 시대는 아직까지는 실패했다."

그 결과 무질은 남은 인생을 문학에만 바치기로 결심했다. 그는 이어서 쓴 소설《특징 없는 남자》에서 그가 살던 시대에 필요한 지도 원리를 제시하고자 했다. 과학이나 철학적 이론 작품이 아닌 소설을 쓰기로 한 것은 '문학과 시는 진리를 추구하고, 의미를 표현하는 방식'이라는 강한 확신이 있었기 때문이다.

1930년 11월에 소설의 제1권이 출판되었다. 책은 800페이지에 달했다. 그의 불안정한 재정 상황으로 초기 소설이 즉각적인 상업적 성공을 거두지 못한 사실에 어느 정도 실망은 했지만, 문학계에서의 그의 명성은 계속되었다. 문화 수호를 위한 작가 회의 주최자들은 다시 한번 '유명인'을 목록에 넣을 수 있어 매우 기뻤다. 항상 다소 신경질적이고, 과민했던 무질은 자신이 개막식이 아닌 둘째 날에 연설한다는 것을 보고 분개했고, 주최자들은 그의 의견을 수용했다.

회의는 9시에 시작되었다. 앙드레 지드가 개막식을 맡았고, 무질은 토론에 초대됐다. 언제나 사실을 중시하고, 진실의 문제는 양보할 수 없었던 그는 문화를 어떻게 수호해야 하는지, 무엇에 맞서야 하는지에 대한 문제에 있어 문화는 적들에 의해, 우리 편에 의해서도 손상될 수 있기에 사라지지 않을 것이라는 말로 연설을 시작했다. 항상 정치와 거리를 두려 했기 때문에 이런 주제를 두고 그가 말하고자 하는 것은 정치와는 관련이 없다고도 덧붙였다.

청중석에서는 분노에 찬 비명이 들렸다. 그들은 이것 때문에 온게 아니었다. 더 큰 목소리로 파시즘에 반대하는 분명한 정치적 입장을 기대했다. 그리고 문화의 정치적 벗은 모두 좌익일 테니 문화에 해를 끼칠 수가 없다.

그러나 무질은 동요하지 않고 계속 이어갔다. 그는 1930년대가 점점 정치적 이념이 사고를 지배하는 집단주의의 시대로 변하고 있다고 말했다. 하지만 진정한 문화는 어떤 정치 형태에도 얽매이지 않는다. 더욱이 고급문화는 어느 특정 국가에 국한되지 않기 때문에 보편적일 수밖에 없다. 이제는 특정 개념을 회복해야 할 때라는 말로 15분간의 짧은 연설을 마쳤다.

"정치적으로 오용되고, 낡았으며, 거부된 많은 개념이 역사적 요소는 제거된 채 불가피한 심리적 가설로 반복됩니다. 그래서 자유와 개방성, 용기, 청렴결백, 책임, 비판, 우리를 반발하게 하는 것보다 유혹하는 것에 대한 비판이 훨씬 더 많아요. 이러한 개념에는 진리에 대한 사랑도 포함되어야 하는데, 우리가 문화라고 부르는 것은 진리의 기준에 전적으로 유용하지 않기 때문에 말하는 것입니다. 하지만 진리에 대한 왜곡된 관계에 뿌리를 둔 위대한 문화는 있을 수 없습니다. 모든 사람의 자질을 지원하지 못하는 정치 체제라면, 뛰어난 재능을 가진 사람이라도 그것을 드러내지 않을 테죠."

당연하게도 그는 박수를 거의 받지 못했다. 무질은 분명히 공산주의의 구원을 포함한 모든 형태의 집단주의를 비판했다. 그래도 그는 그 홀에 있던 한 명의 지지자, 멘노 터르 브라크를 의지할 수 있었다. 터르 브라크가 회의에 관해 쓴 보고서에는, 공산주의에 대한 새로운 믿음을 지지하는 모임으로 의도된 것처럼 보였고, 안타깝게도 공산주의에 호의적인 참석자들은 프랑스와 국경을 접한 큰 나라들의 파시스트 대중과 똑같이 집단적으로 생각하고, 행동했다고 적었다. 터르 브라크에게 있어 문화 수호에 필수적인 것은 개인주의의 수호였다.

"우리의 문제는 어떻게 개인주의와 그에 따른 인간 존엄성에 대한 이해가 좌파와 우파의 독재로부터 자유로울 수 있느냐는 것입니다."

무질이 회의에서 주장했던 바로 그것이었지만, 그의 연설 이후에 이 주제는 회의 다음 날에 간단하게만 다루어졌다.

그 점에 있어서 보리스 파스테르나크와 그의 친구인 이삭 바벨이 유명 작가 회의에서 보여 준 활약은 인상적이다. 두 사람 모두 터르 브라크와 무질의 의견에 깊이 동의했고, 스탈린주의인 러시아에서도 일상의 경험 속에서 히틀러 치하의 독일만큼 문화가 심각하게 위협받고 있음을 깨달았다. 지드와 말로는 그들의 정치적 순진함으로 스탈린의 거짓을 어떻게 보아야 하는지 알아보기를 거부하고 있다는 사실을 알고 있었다. 파스테르나크와 바벨은 청중의 대다수가 여전히 소련을 공산주의 유토피아로 믿는 걸 알고 있어서, 공개적으로 그들에게 진실을 말할 수 없었다. 그들은 표현의 자유와 진리를 수호하기 위해 조직된 회의에서 청중이 진리와 자유가 설 자리가 없다는 신조를 믿게 되었다고 해서 이 지식인을 비난할 입장은 아니라고 느꼈다. 또한 소련에서 그들의 목숨을 위협하고 있다는 걸 알기 때문에 어떤 경우에든 아주 조심해야 했다.

파스테르나크는 회의에 참석하라는 초대를 받았을 때 갈 생각이 없었다. 다시 깊은 우울에 빠졌고, 파리에서 연설을 하면 문제만 생길 거라고 생각했다. 하지만 스탈린은 그에게 선택의 여지를 주지 않았다. 바벨이 그러듯, 그 역시 가야 했다. 파스테르나크의 부모님은 오래전에 독일로 피난했는데, 제3제국에서 자신들의 생명을 위험에 빠뜨리는 그 어떤 말도 하지 말라고 그에게 간청했다.

6월 25일 화요일, 마지막 날 저녁은 파스테르나크가 무대 위 테이블에서 연설할 차례였다. 앙드레 말로는 "신사 숙녀 여러분, 보리스 파스테르나크입니다! 우리 시대의 위대한 시인 중 한 분이죠."라며 그를 소개했다. 자연스럽게 기립박수가 이어졌다. 파스테르나크는 호소력으로 모두를 놀라게 하며, 아주 짧은 연설을 시작했다.

"여러분에게 간청합니다. 조직을 만들지 마세요! 조직은 예술의 죽음입니다. 개인의 독립만이 의미 있습니다. 1789년과 1848년, 1917년에 작가들은 그 어떤 것에 대해서도 수호하거나, 맞서기 위해 조직을 이루지 않았어요. 간청합니다. 조직을 만들지 마세요!"

이 발언은 큰 혼란을 불러일으켰고, 이어서 시의 본질에 관해 그가 말한 내용은 회의 연설이 출판되었을 때 포함되지 않았다.

"시는 영원히 가장 높은 알프스보다 더 찬란한 봉우리로 남을 것입니다. 그러나 그 정상은 우리 발아래 풀밭에 놓여 있으니, 몸을 굽히기만 하면 그걸 볼 수도, 땅에서 뽑아낼 수도 있습니다. 너무 단순해서 회의에서 논의될 일은 없겠죠. 이성적인 말이라는 축복받은 선물로 가득 찬 인간 행복의 유기적인 기능은 영원할 것이니, 지구 상에 행복이 많을수록 예술가가 되는 것은 더 쉬워질 것입니다."

파스테르나크가 뭔가 중요한 말을 했다는 것은 모두 알아챘지만, 그의 발언이 모두가 보고 싶어 했던 것과 어떤 관련이 있는지는 완전히 이해하지 못했다는 걸 청중의 표정으로 알 수 있었다. 상황을 수습하기 위해 말로는 자리에서 일어나 듣기 좋은 바리톤의 목소리로 파스테르나크의 시를 낭송했고, 또 한 번의 기립박수를 유도했다.

다음 연설은 바벨의 차례였다. 그는 연설을 준비하지 않았지만, 유창한 프랑스어로 청중을 향해 즉석에서 15분간의 연설을 했다. 뛰어난 유머 감각으로 농민과 노동자에게는 빵과 머리 위의 지붕만이 아니라 시 역시 필요하다고 주장했다.

로베르트 무질은 이 모든 걸 자각하지 못했다. 첫날 저녁에 자신의 의견을 말할 수 있어서 기뻤고, 마르타와 파리를 거니는 것이 즐거웠다. 한때 로댕이 살았으며, 지금은 박물관인 집과 루브르 박물관을 방문했다.

이틀간의 저녁을 보낸 후, 멘노 터르 브라크는 한편으로 홀 안의 엄청난 더위를 견딜 수 없을 정도였기 때문에, 그가 회의에 참석하는 건 그것으로 충분하다고 생각했다. 그는 '문화 수호'에 있어서는 공산주의 유토피아를 믿는 사람보다 이 회의에서는 완전한 시대착오적이었을 스탕달 같은 작가가 더 신뢰가 간다는 결론을 내리며 기록을 마무리했다.

"메종 드 라 뮈뚜알리떼에서 멀리 떨어진 곳에서 나는 스탕달의 로마, 나폴리, 피렌체를 다시 읽었고, 100년이 지났어도 마치 어제 태어난 듯한 이 '우직한' 지혜의 변함없는 매력을 경험했다. 스탕달은 1935년에도 자신의 책이 읽히기를 바랐다. 그렇다, 그에게는 이런 시민들, 개인주의자가 있다."

바벨은 회의가 끝난 후에도 남아 브뤼셀도 방문했지만, 아내의 간절한 바람을 뒤로 하고서 홀로 소련으로 돌아갔는데, 그는 다른 곳에서 작가로 사는 걸 상상할 수 없었다. "이 나라는 나의 자원이고, 나의 언어입니다. 나의 흥미죠." 5년 후에 그는 스탈린의 명령으로 공산주의 유토피아에서 처형당했다.

파리에서 빈으로 돌아오는 기차에서 로베르트 무질은 독립적인 인간 정신을 함양하고, 자유와 개방, 용기, 책임감, 비판, 그리고 무엇보다도 타인에 대한 사랑에의 정의를 계속 실천함으로써 문화를 수호해야 한다는 호소의 이유를 깊이 생각했다. 어리석지도 않고, 책을 많이 읽은 청중들로부터 무척이나 형편없는 평가를 받았기 때문이다. 지나치는 풍경을 보며 그에게 소중한 시인인 릴케의 시 한 구절을 떠올린 것은 그 시에서 자신의 삶을 너무나 분명하게 인지할 수 있었기 때문이다.

누가 승리를 말하는가?
극복만이 전부인데

유명한《두이노의 비가》중 제7비가가 떠올랐다.

세상이 소리 없이 방향을 틀 때마다 폐적자들이 생기고,

이들은 과거의 것도, 미래의 것도 갖지 못한다.

　무질은 그의 독자들이 폐적자임을 깨달았다. 그들은 더 이상 인
본주의와 교육문화를 믿지 못했고, 제1차 세계대전 이전에는 존재
했던 학문과 진보에 대한 믿음도 사라졌다. 그들의 유산을 박탈당
한 것이다. 무질이 그들에게 펼쳐질 세상을 상상하게 할 수 있는 유
일한 방법은 환상에 기반한 정치적 종교였다. 실제로 그들의 유산은
고상한 어리석음에 지나지 않았고, 무질은 다음 기회에 이에 대해
더 이야기하자고 생각했다. 그러는 동안《특징 없는 남자》2권의 계

속 늘어나는 원고를 부지런히 작업했다.

　그때 생각한 다음 기회는 1937년 3월 11일 오스트리아 공작연맹의 초청으로 강연하게 됐을 때 찾아왔다. 그가 선택한 주제는 〈어리석음에 관하여〉였다.

　그는 유난히 귀를 기울이고, 공감하는 청중 앞에서 어리석음의 기만적 특징을 지적하며 강연을 시작했다.

　"만약 재능, 발전, 희망, 개선과 어리석음을 구별하는 것이 어렵다면, 그 누구도 어리석어지는 걸 원하지 않을 것입니다. 그러나 안타깝게도 어리석음은 개인적인 것이든 사업에 의한 비판적 판단의 변화와 같이 무의미한 일반적인 것이든, 어떤 모습으로도 나타날 수 있습니다. 신께서는 우리가 이해하기 어려운 그분의 선하심으로 유성 영화 제작자들에게도 인류의 언어를 내려 주셨죠. 한 민족이 예술적으로 포함되지 않는다는 사실은 먼저 불황이나 외설적인 방식으로 표현되지 않는다는 결론이 명확히 강조되는 것으로 충분합니다. 따라서 억압과 검열은 명예박사 학위, 학술원 회원 자격, 상의 수여 정도에 따라 달라지죠."

　무엇이 진짜 어리석음인지 이해해야 하는 이유는 충분하며, 무질은 '어리석음'이라는 단어가 어떻게 사용되는지, 우리 스스로를 매우 영리하다고 생각한 채 어리석음을 숨기려고 어떻게 노력하는지 고찰해 탐구하고 싶어 했다.

　특히 특정 중산층의 정신과 영혼은 당, 국가, 종파, 예술 운동의

피난처 안에서 으스대며 '나' 대신 '우리'라고 말할 수 있다라고 하는 것은 오만함이 필요한 것이라 해도 매우 뻔뻔한 것이다. 명백하고, 무시해도 될 정도인 한 가지 의구심을 두고서, 이 오만함은 허영심이라고도 할 수 있는데, 사실 오늘날 많은 국민과 국가의 정신은 허영심이 특권적인 위치에 있다는 감정에 사로잡혀 있으며, 이런 관련성은 우리에게 단서가 된다.

그런 후에 무질은 군중이 스스로를 매우 훌륭하다고 생각하는 현상을 꼬집고, 이렇게 말해야만 할 것 같았다.

"백일몽에 나오는 과대망상증에 걸린 사람처럼 그 현상은 지혜뿐만 아니라 미덕도 장악했으며, 스스로를 용감하고, 고귀하며, 무적에, 경건하고, 아름답다고 여긴다. 그리고 세상에는 어디에서 많은 수가 나타나든 개인에게 금지된 모든 것을 집단적으로는 허용하려는 경향이 크다."

이런 행동 역시 어리석음의 결과로, '어리석음의 실천'이기 때문이다. 또한 언어의 사용, 특히 남용이나 그런 것들의 중복, 말과 생각의 부재를 나타내는 남용이라는 점에서 나타난다. 지적 능력이 제거된 것이다.

그 시점에 무질은 1937년에 청중에게 분명히 전하고 싶었던 가장 중요한 사실에까지 왔다.

"신사 숙녀 여러분! 오늘 인류 신뢰의 위기, 지금까지는 인간성의 위기가 많이 논의되었습니다. 우리가 스스로 문제를 이성적이며, 자유롭게 해결할 수 있다는 확신을 대신하려는 시점의 공황 상태라고도 할 수 있겠죠."

그러나 그는 '자유'와 '이성'이라는 개념이 점차 구식이 되고 있다고 설명했다.

"사람들은 더 이상 그것들로 무엇을 '해야 할지' 모릅니다."

무질은 우리가 더 이상 이런 변하지 않는 개념으로 쉽게 돌아갈 수 없다고 주장했다. 각 세대는 무엇이 진리이고, 합리적이며, 중요한지, 그리고 반대로 무엇이 어리석은지를 스스로 생각해야 할 것이라고 말이다. 그 이유는 이렇다. "이성과 지혜의 개념이 불안정한데, 어리석음에 대한 어떤 개념 또는 일부라도 우리가 그걸 만들 수 있을까요?" 그는 한때 유명한 정신의학 교과서에서 어리석음의 사례를 보여 주기 위해 사용되었던 것을 언급했는데, "정의란 무엇인가?"라는 질문에 "타인이 벌을 받는 것"이라고 대답한 사례였다. 그러나 오늘날 그것은 활발히 논의되는 법적 해석의 기초를 형성한다.

한편으로는 참으로 진실되고, 합리적인 것, 다른 한편으로는 정말로 어리석은 것이 무엇인지 대한 재고가 시급하다. 왜냐하면 어리석은 것으로 알려진 것은 폭력적일 수도 있고, 이해가 조금 느려 단순한 생각과 말만 사용하는 것으로 알려진 '지조 있고, 솔직한 어리석음'에 더해, 무질이 말하는 '고상하면서 가식적인 형태의 어리석음'이 있기 때문이다.

"그것은 지적 능력이 떨어진다기보다는 지적 능력의 실패에 가깝습니다."

그는 더 고상한 어리석음을 문명의 질병, 문명의 결여, 결함 있는 문명, '생명 자체를 위태하게 만드는 위험한 정신병'으로 묘사하는데, 그것은 다양한 형태를 취하며, 눈에 보이지 않는 일종의 시체 도둑으로 '더 고상한 목적', '좋은 것', '정말 필요한 것'으로 위장할 수 있기 때문이다. 무질은 이렇게 썼다.

"어리석음은 각 방면에서 활동하며, 진리로 변장하기도 합니다. 반면에 진리는 어떤 경우에도 단 하나의 복장과 하나의 길만을 취하며, 항상 불리한 위치에 있죠."

무질은 가치 있으며, 의미 있는 것인 '의미하다(Bedeuten)'에서 여러 가지 형태로 서서히 퍼지는 어리석음이라는 독의 영향에서 벗어날 가장 중요한 해독제를 찾는다.

"의미 있는 것은 우리가 그 안에서 인식할 수 있는 진실과 통찰력뿐만 아니라 결단력, 지치지 않는 인내, 지적이고 감정적인 내용을 모두 담고 있는 것 등 새로운 것에 대한 자신감을 얻는 감정의 특성을 결합합니다. 또한 우리 자신과 다른 사람들에게서 특정한 행동을 '추정하는 모든 것을 일컫죠."

어리석음과 달리 의미 있는 것은 비판에 개방적이며, 모든 면에서 어리석음과 야만의 공통점과 반대다. 마지막으로, 진리로 구성된 의미 있는 것 외에도 가장 중요한 어리석음에 대한 치료법은 '겸손'이다.

그가 연설을 마치자, 이번에는 박수갈채가 나왔다. 듣고자 한 게 무엇인지는 몰랐지만, 순수하게 연설을 들으러 온 사람들이었다. 그들은 무질이 나치와 지식인 추종자들의 이름을 한 번도 언급하지 않고서, 완벽한 아이러니와 진정한 학자의 분석력으로 어떻게 나치즘과 공산주의, 그리고 모든 집단주의의 전형적인 어리석음과 거짓에 대해 인정사정없이 비난하는 것을 편안하게 들을 수 있었다. 그가 이미 파리 회의에서의 청중들에게 설명했듯이, 그들은 정의에 따라 진리를 따르는 개인의 특징인 자유, 개방성, 용기, 책임감, 비판, 자기비판과 거리를 두기 때문이다.

그 연설이 있은 지 정확히 1년하고도 2일 만에 오스트리아는 제3제국에 합병되었다. 다음날 무질은 빈에서 광분한 군중이 고상한 어리석음을 실제로 행하는 걸 보았다. 12월 말에 나치는《특징 없는 남자》를 '해롭고 바람직하지 않은 글(Liste des schädlichen und unerwünschten Schrifttums)' 목록에 넣었다. 무질이 그가 살던 시대를 위한 소설을 통해 지적하고자 했던 '지침, 존재 이유, 이론과 윤리의 균형, 신 등'의 필요성을 나치가 가장 늦게 깨달았다. 나치는 고상한 어리석음을 품는 것을 선호했다. 하지만 그들은 걱정할 필요가 없었다. 무질이 소설을 완성할 수 없었을 테니. 그가 1942년 제네바 망명 중 뇌출혈로 홀로 사망했으니 말이다. 그의 화장에는 8명이 참석했다.

이성의 구원

병원 야간 당직 간호사가 환자의 상태를 확인하기 위해 조용히 병실로 들어가 환자가 아직 깨어 있는지 확인한다. 그녀는 열이 나는 그의 얼굴에서 끈적한 땀을 천으로 조심스럽게 닦아낸다. 그의 맥박은 심박 수가 여전히 높음을 알린다. 그녀는 그의 대머리를 쓰다듬으며 부드럽게 말했다.

"교수님, 무슨 일이세요? 너무 걱정하지 마세요. 잠을 꼭 주무셔야 해요. 안 그러면 낫지 못할 거예요."

노인은 자포자기한 채 그녀를 바라본다. 그의 폐는 상태가 악화되어 숨을 쉬기가 어려워지고 있었고, 이렇게 속삭이는 것만이 가능했다.

"간호사님……. 한 권만 더…… 한 권만 더요. 끝내야 합니다……. 제발…… 그렇게 하게 해 주세요."

간호사는 침대 옆 의자에 앉아 그에게 물을 조금 준 후, 그의 손을 잡고 물었다.

"교수님, 왜 그러세요? 그게 왜 그렇게까지 중요한가요? 책이라면 이미 많이 쓰셨잖아요. 먼저 몸이 나은 후에 사랑하는 아내분과 인생을 즐기셔야죠?"

노인은 고개를 저으며 말을 더듬었다.

"이성…… 이성은 구원이 필요합니다, 간호사님. 나는 이성을 구원해야 해요. 아시겠습니까?"

"물론이죠!" 그녀가 다정하게 답했다.

"하지만 지금은 먼저 주무셔야지, 안 그러면 교수님 임무를 마치지 못할 거예요. 그렇게 둘 수도 없고요. 이제 눈을 감고 주무세요!"

그녀는 담요를 똑바로 잡아당겨 그의 머리를 다시 가볍게 쓰다듬은 후, 보살핌이 필요한 다음 환자를 향해 어두컴컴한 병원 복도로 나섰다.

병든 학자는 다시 혼자가 되어 병실 창문으로 멀리 보이는 불빛 몇 개를 바라보며, 그 다정한 간호사는 그를 괴롭히고, 잠 못 이루게 하는 걱정이 무엇인지 전혀 모른다는 사실을 깨닫는다. 그건 중요하지 않다. 이성은 구원되어야 한다. 앞으로 살아갈 인생이 있는 젊고, 아름다운 그녀를 위해서도…….

1938년 2월 7일 밤, 앞으로 두 달 후면 79세가 되는 에드문트 후설은 살날이 얼마 남지 않았음을 알고 있었다. 흉막염은 너무 많이 진행되어 그에게 주어진 많은 약으로도 치료할 수 없었다.

그 자신이 내린 더 나은 판단에 맞서, 그는 계속 희망했다. 이성적인 사고 속에서도 희망은 여전히 샘솟았다. 이성은 구원받아야 하니까. 후설에게는 거짓으로 세계 질서를 세우고, 어리석음을 섬기며, 거기에 점점 더 크게 찬성의 소리를 내는 인류에게 유일한 답은 이성임이 분명했다. 하지만 신의 이름으로 어떻게 이런 일이 일어날 수 있는가? 과열된 꿈속에서 그의 인생이 빠르게 지나갔다.

그는 1859년에 유대인 가정에서 태어나 체코슬로바키아에서 젊은 시절을 보냈다. 지식에 대한 타고난 열망, 모든 것을 알고 싶어 하고, 모든 것을 이해하며, 모든 것의 진리, 본질을 알고 싶어 했다. 기계와도 같은 결단력으로 천문학, 수학, 논리학, 심리학, 철학을 공부했다. 그는 모든 것을 읽었고, 독학으로 가벨스베르거식 속기술의 약어를 공부해 쉴 새 없이, 때로는 휘몰아치며 밀려드는 생각과 발상을 담아낼 수 있었다. 궁극적으로 학문의 여왕인 철학이 그를 세계와 삶의 본질에 대한 참된 지식으로 이끄는 길이라는 게 입증되었다. 치명적인 전쟁 기간이 1916년에 시작됐다. 명문 프라이부르크 대학의 철학 교수로 임명된 기쁨은 겨우 한 달이었다. 그의 기쁨은 딱 그만큼 지속됐다. 그러다가 스무 살밖에 안 된 막내아들 볼프강이 베르됭 전투 참호에 빠졌다는 끔찍한 소식을 들었다. 수십만 명의 젊은이들이 목숨을 잃고, 어떠한 승리도 이루지 못한 저주받은 전쟁

속, 가장 대규모였으며, 무의미한 학살로 역사에 기록될 전투였다. 군대 지도부의 오만한 어리석음. 그들 자신의 목숨으로 되갚을 일은 없으며, 기껏해야 훈장을 놓치는 것일 테다. 그러다 깊은 우울증이 그를 덮쳤다. 꿈속에서 그는 갑자기 의무감에 사로잡혀 책상 앞 의자에 다시 앉았지만, 마비된 듯 종이 위에 아무것도 적지 못했다.

'그 둔한 고통의 느낌. 여전히 느껴지는 유일한 느낌. 그것 외에는 공허하다. 내 몸, 내 정신, 내 삶도. 나는 억지로 일했고, 아주 열심히 일했으며, 그 블랙홀에서 다시 삶으로 돌아갈 수 있는 것, 그것이 유일한 길이다. '책임감을 가져라!' 맙소사, 아버지가 그 말을 하는 걸 얼마나 많이 들었는가. 아버지가 옳았다. 책임이 나를 구했다. 철학과 함께. 철학에 내 책임이 있음을 아는 것 말이다. 그리고 나는 내 현상학으로 엄밀학을 만들었다. 학생들에게 말했다.

"신사 숙녀 여러분, 제발 본연의 것으로 돌아가세요."

그들이 그것을 이해해야만 했다. 그것은 철학, 오직 철학만이 할 수 있고, 해야만 하는 일이다. 모든 것의 본질과 토대를 알려 주는 것이다. 다른 학문은 할 수 없다. 다른 학문은 추상적인 개념과 이론 안에서 생각하며, 사실을 수집하지만, 우리가 사는 세상에서의 경험에 담긴 의미를 놓치고 있다. 나는 예시를 줬다. 물리학자에게 물은 항상 H_2O다. 현상학에서는 화창한 여름날 기분 좋게 수영할 수 있는 강물이나 강둑이 터져 집을 파괴한 바로 그 강의 강물은 의미에 있어 본질적인 차이가 있다. 현상학은 또한 정치적 이념과 모든

권위주의적 사고로부터 우리를 해방시킨다.'

'모든 이데올로기는 사람들이 선입견에 따라 현실을 해석하도록 강요한다. 마르크스주의자들에게는 개인은 없고, 오로지 두 계급만이 사회를 구성하며, 사회에서 일어나는 모든 일은 당연한 계급 전쟁의 틀 안에서 보고 해석되어야 한다. 현상학은 사람들이 개인의 가치를 다시 지닐 수 있게 하고, 그들 자신의 존재 의미를 발견하도록 만든다.'

'그렇다, 거기에 내 학생들이 앉아 있었다. 작고, 훌륭하며, 열정적이고, 헌신적인 에디스 슈타인. 그녀가 수녀가 된 것은 참으로 안타까운 일이다. 가다머. 그는 어떤 사람이 되었을까 전혀 알 수가 없다. 얀 파토치카! 나의 다정한 체코 친구. 그리고 나의 승락으로 내 조교가 되었지만, 히틀러의 편이었던 하이데거.'

'또 전쟁이 일어날까? 모든 걸 파괴한 지옥 같은 전쟁 이후에 또 다른 전쟁이라니? 유럽은 아프다, 불치병에 걸렸다! 학문은 어디에 있는가? 어째서 학문은 유럽을 치유할 수 없는가? 가장 중요한 환자를 치료할 수 없다니. 아니, 내가 아니라 유럽 말이다! 유럽이 가장 중요한 환자이지. 왜 유럽은 병들었는가? 그것이 의문이다! 휴스턴 체임벌린, 니벨룽겐의 모습을 한 영국 속물, 딜레탕트로 변장한 사기꾼이 괴테의 말을 인용하면서 시작된 것이다. 그룬드라겐! 감히! 토대라니! 게르만 바보는 그것들이 무엇인지조차 모른다. 나는 그것들을 찾아 나섰고, 찾아냈다. 히틀러 친구인 체임벌린 씨, 우리 문명의 토대는 당신의 미친 인종 이론도, 병적인 반유대주의도, 독일 정신의 우월성도 아닐세. 그리고 하이데거. 나를 배신한 메피스토펠레스 악마. 현상학을 자신의 실존주의 책인《죽음으로 향하는 존재》와 바꾼 인물이지. 시체 애호자의 허무주의, 단지 그것에 지나지 않을 뿐, 그 이상은 아니다. 물론 나치는 사악한 활동을 하기 위해 이 두 지식인 멘토에 열광했다.'

'아니, 체임벌린과 하이데거는 유럽이 병든 것, 거짓이 세계 질서가 된 것, 어리석음이 승리한 것의 이유가 아니다. 그런 거라면 두 신사에게 너무 큰 칭찬이 될 테니. 그것은 우리의 지적 역사에 깊이 뿌리내린 질병의 증상이다. 학문은 우리를 구원하지 못할 것이다. 그들은 사실의 문제를 다루며, 무슨 일이 왜 일어나고 있는지조차 이해하지 못하는 사실의 사람만을 만들어낸다. 그게 언제였는가? 1920년이었다! 젊은 에리히 칼러는 학문은 절박한 도움이 필요한 사람들에게 아무 도움도 되지 않을 것이라는 것을 올바르게 관찰했다. 이것이 바로 모든 세대의 젊은이들이 학문에 등을 돌렸으며, 신비롭고 비합리적인 함정에 빠진 이유일 것이다. 다행히도 칼러는 아니었다. 그러기에 그는 너무 똑똑했다. 하지만 그의 분석은 예리함이 부족했다. 글쎄, 그는 철학가가 아니라 문화사가다. 그는 지금 어디에 있을까? 유대인들은 모두 미국으로 간다. 나는? 나는 죽을 테

지…….'

후설은 죽지 않았다. 대신 꿈도 꾸지 않는 깊은 잠에 빠졌다. 그렇지만 그가 살날은 정말로 몇 주밖에 남지 않았다. 그에게 가장 중요했을 책은 절대 끝날 수 없었다. 하지만 3년 전인 1935년 5월 7일, 그가 오스트리아 박물관 홀에서 강연하기 위해 비너 문화연맹의 초청을 받았을 때, 이미 이성을 구원함으로써 유럽의 병을 치료하고 싶다는 윤곽을 그렸다. 그의 강연 제목은 다음과 같았다. 〈철학과 유럽 인간성의 위기(Die Philosophie in den Krisis der europäischen Menschheit)〉.

후설은 그 누구도 결과를 예측할 수 없는 가장 중요한 정치적 사실인, 유럽 국가들은 병들어 있고, 위기에 처해 있다는 사실을 짚으면서 강연을 시작했다. 다음으로 그가 던진 질문은 정당한 만큼 고통스러웠다. 왜 자연과학은 자연과학의 문제에 대한 해결책을 찾는 데 효과적인 반면, 가장 중요한 인문학인 철학은 무엇 때문에 유럽 사회의 병든 정신을 치료할 수 없는가? 또 다른 성가신 질문은 인문학은 유럽의 심각한 문명의 위기를 치료할 수 없을 뿐 아니라 부분적으로는 그 위기에 대한 책임이 있지 않은가였다.

후설은 이런 내용을 말로 하지는 않았지만, 청중은 은연중에 알아차렸다. 인문학이 파시즘, 공산주의, 국가 사회주의, 모든 영적 가치를 파괴하는 자본주의 형태의 발흥에 부분적인 책임이 있다면, 그렇게나 많은 지식인들이 맘몬을 포함한 전체주의에 기여하는 데 열심이었던 것도 당연하다.

유럽과 유럽의 학자들은 부끄러워해야 한다. 이 지역은 철학의 발상지이기 때문이다. 본래의 철학, 여전히 보편적인 학문인 철학을 이해하려면 의견이나 편견, 전통에 얽매이지 않고, 인간성을 완성하기 위해 모든 현실을 연구하는 이성의 표현으로써 초월적 이성인 로고스의 도움으로 모든 현실을 탐구해야 한다. 인간은 불완전한 존재이니까. 미완성이니 말이다.

대중사회의 인간과 달리 생각하는 인간은 항상 스스로에게 질문을 던진다. 나는 누구인가? 나 자신을 어떻게 실현할 것인가? 대중사회의 인간은 그러한 질문을 할 필요가 없는 것이다. 집단정신에 삼켜지면 그런 질문은 더 이상 존재하지 않기 때문이다. 그런 질문은 생각하는 인간을 위해 존재한다. 영적인 과제이기도 하다. 개인이 존엄하게 살기 위해 얻어야 하는 형이상학적 진리와 영적 가치에 대한 탐구다.

후설은 귀를 기울이는 청중들에게 철학의 본래 목적은 인간 정신을 형이상학적 진리와 형이상학적 가치로 고양시키는 것이며, 그런 고양의 과정에서 인류를 어디에 가치가 있는지 인식하는 근본적으로 새로운 종으로 변화시키는 것이고, 인류는 자신이 살고 있는 자연 세계에 대해 책임을 지게 될 것이라고 말했다. 하지만 철학은 그 자체의 임무에 충실하지 못했다. 유럽 정신의 이러한 위기는 잘 못된 이성주의에 뿌리를 두고 있다. 계몽주의의 이성주의는 잘못 이 해되었다. 그 결과 학자들은 초자연적 지성주의와 우월 의식에 빠져 들었고, 그리스 철학자들의 로고스인 초월적 이성과의 관계에 대한 인식을 상실하는 훨씬 더 나쁜 결과를 낳았다. 경험적이고 일상적인 현실에서는 그런 가치를 찾을 수 없다. 그것들은 이를 초월한다. 가 치와 의미 역시 사실을 초월하기 때문에 사실에 기반을 둔 학문은 이를 우리에게 알려 줄 수 없다.

본래 의미에서의 철학은 이런 영적인 일에도 도움이 된다. 모든 자기기만의 가면을 벗겨내는 비판의 거울을 계속 유지한다. 하지만 그런 철학은 더 이상 존재하지 않는다. 우리가 필요로 할 때 아무것 도 알려 줄 수 없는 사실에 기반을 둔 학문만이 있을 뿐이다. 우리의 세계는 물리학과 실증주의 철학에 의해 모든 보편적 의미가 없어지 고, 창조와 생명력을 주는 힘을 가진 모든 언어를 빼앗긴 반형이상 학과 자연주의, 객관주의로 축소된 이성의 잔해에 둘러싸여 있다.

인류는 대자연과의 관계에서 고아가 되었으며, 이제는 알면서도 어떠한 가치관에도 방해받지 않고 자연을 파괴하고 있다. 한때 하느 님의 만물의 영장이었던 인류는 그릇되고, 악마의 지배를 받는 영 혼 없는 군중이 되었다. 남은 것은 지루함과 선정주의로 가득 찬 사 회로, 사회가 배양하는 무의미함 때문이다. 무지로 가득 찬 사회는 그것이 배양하는 무지 때문이다. 순응주의로 가득 찬 사회는 그것이 배양하는 공리주의 때문이다.

후설은 빈에서의 연설 마지막에 문명의 위기는 두 가지 방향으로 이어질 수 있다고 예측했다. 이성과 도덕적 나침반을 회복하지 못한 채 야만으로 전락해 유럽이 몰락하는 것 또는 자연주의를 완전히 물리치는 이성의 영웅적 면모를 통해 철학 정신으로 유럽이 재탄생하는 것이다. 그러나 후자는 최초의 그리스 철학자들의 이성인 로고스와의 연결 고리를 인식한 이성의 형태로 유럽이 무기력함을 극복하고, 인간 정신을 위해 싸울 때만 가능한 것이라고 경고하며 연설을 끝맺었다. 청중을 고무하기 위해 후설은 마치 함성을 지르듯 연설을 끝냈다.

"오직 정신만이 불멸합니다! (Denn der Geist allein is unsterblich!)"

후설은 1938년 3월 29일에 묻혔다. 그가 10년 전 독일에서 가장 영향력 있는 철학자로 여겨졌던 프라이부르크 대학교 철학과의 전 동료 중 한 명만이 옛 스승의 장례식에 용기를 내 참석했다.

정신만이 불멸하지만, 독일과 유럽의 정신은 죽었다. 거짓의 세계 질서와 어리석음의 승리만이 여전히 살아 있을 뿐이었다.

Becoming Human is an Art

역사의 격언

크게 바뀐 것은 없었다. 거짓의 세계 질서와 어리석음의 승리는 오늘날에도 여전히 생기가 넘친다. 놀라울 것도 아닌 게, 아무것도 모르는 황폐함의 유충과 하나만 아는 광신이 우리 주변에 활개를 치고 있으니 말이다. 키케로가 역사를 우리 인생의 스승이라고 말했듯이, 역사가 우리에게 무엇인가를 알려 준다 해도, 우리가 역사를 모르기 때문에 그 교훈을 배우지 못한다. 우리에게 기억이 없기 때문에 어리석음이 계속해서 승리하는 것이다.

1,900년 전인 121년 4월 23일 로마에서 마르쿠스 안니우스 베루스가 태어났고, 그는 하드리아누스 황제의 양자가 되어, 후에 마르쿠스 아우렐리우스 황제가 되었다. 모든 로마 황제가 맞닥뜨리는 문제와 그가 맞서 싸워야 하는 전투 속에서도 마르쿠스 아우렐리우스

는 자신의 생각을 오로지 개인적으로 기록하는 생각하는 사람이었고, 그것을 책으로 만들 생각이 없었다. 다행히 그의 기록은 800년 후 카파도키아 출신의 아레타스 주교에 의해 발견되었다. 이 황제이자 철학자는 그가 수 세기 전에 알고 있던 것을 우리에게 알려 줄 수 있게 되었다.

"지혜의 파멸은 역병으로, 우리를 둘러싸고 있는 이 대기의 부패와 변화보다 훨씬 더 큰 것이다. 후자의 경우 부패는 동물이기 때문에 동물에 도는 역병이지만, 전자는 인간이기 때문에 인간에게 도는 역병이다."

만약 이 현명한 통찰력을 우리의 것으로 만들었다면, 우리는 어리석음의 전염병과 싸우는 것이 코로나바이러스 전염병과 싸우는 것만큼 시급하다는 것을 이해했을 것이다. 하지만 우리는 그렇지 않았으며, '고등' 교육도 마찬가지일 수 있다. 대학은 무질이 말한 고상한 어리석음의 보루가 되었으며, 에릭 푀겔린은 이 슬픈 사실을 반 세기 전에 알았다.

1901년에 독일에서 태어난 에리히 푀겔린은 빈에서 자라며 공부한, 명석한 정치 철학자였다. 1938년에 히틀러의 독일이 오스트리아에서 권력을 잡은 후, 그는 가까스로 나치에서 탈출해 미국으로 도피했고, 그곳에서 이름을 바꿨다. 유대인도, 공산주의자도 아닌 그가 왜 제3제국에서 살기를 원하지 않았느냐는 질문에 그는 두 가지 이유를 들어 답했다.

첫 번째 이유는 이것이다. 사회학과 정치학에 일생을 바칠 만큼 열정과 재능을 지닌 사람으로서, 모든 학자에게 가장 중요한 필요 조건은 지적 진실성이라는, 그가 존경했던 막스 베버의 의견에 전적으로 동의했다. 이는 어떤 특정한 집단적 사고의 형태를 갖추든지 간에, 강압적인 이데올로기가 지배하는 사회와 양립할 수 없는 특성이다. 순응하라는 요구가 수반되는 이데올로기는 지적 파괴와 타락만을 초래하는 지적 기만의 형태로, 독립적인 사고, 비판 정신, 자기비판과 의심을 없애기 때문이다.

두 번째 이유로는 다음과 같이 말했다.

"나는 재미로 사람을 죽이는 걸 혐오한다." 그것은 충동적으로 누군가를 죽일 수 있는 막강한 권력을 가지고 스스로에게 가짜 정체성을 부여하는 일종의 '재미'로, "가짜 정체성이 상실된 인간의 자아를 대신한다."

푀겔린은 미국에서 20년을 보냈고, 20세기 가장 뛰어난 정치 철학자가 되었다. 뛰어난 학식과 독일어, 영어, 프랑스어, 이탈리아어, 라틴어, 그리스어, 히브리어와 중국어까지 언어에 대한 놀라운 지식을 갖춘 그는 남은 40년을 유럽 허무주의의 원인과 정치 사회적 결과를 통해 사고하고, 세계 질서를 만든 거짓을 관찰하는 데 바쳤다.

그가 1968년 강연에서 질문한 것이 있다.

"인간으로서 우리는 어떻게 사회적으로 지배적인 존재의 거짓에서 벗어날 수 있는가?"

그의 첫 번째 대답은 역사의 교훈을 배우라는 것이었다. 그는 저서 《위기와 인간의 종말》에서 다음과 같이 경고했다.

"문명이 스스로 소멸하기 전에 몇 안 되는 사람이 그것을 파괴할 수 있다고 믿는 것은 역사의 영향력에 대한 끔찍한 오해다."

그의 두 번째 대답은 첫 번째와 비슷하지만, 학생들에게 전한 말로, 그가 학기 초에 신입생들에게 수십 년간 말해 온 내용이었다.

"어리석어질 권리 같은 건 없다. 문맹이 될 권리 같은 것도 없다. 무능력할 권리도 없다."

만약 퇴겔린이 지금 시대에 첫 강의에서 같은 의견을 말했다면, 그에게는 열성적인 학생 몇 명밖에 남지 않아 곧장 해고될 것이다. 모든 대학에서 교육은 상품화되었고, 학생들은 소비자가 되었으며, 고객을 힘들게 해서는 안 되고, 그들을 만족시켜야 하니 말이다.

더욱이, 퇴겔린의 박식함은 대다수의 학자들이 근본적인 지식이 부족하고, 영향력을 가지려는 욕구가 결합되어 있다는 그의 오만한 견해와 함께 작용해 지금의 학문계에서도 좋은 평판을 얻지 못할 것이다. 자연과학은 지식이 부족하다는 이유로 비난받을 수는 없지만, 칼러와 후설의 비판과 막스 베버의 예측 역시 자연과학에 해당하는 것으로, 우리 삶에 있어 가장 중요한 질문들에 관해서는 무력하다.

고전학에서 그 누구보다도 편안함을 느끼는 에릭 푀겔린은 18세기 초 나폴리 출신 박식가인 잠바티스타 비코에 대해 다시 한번 우리의 관심을 끌었다. 잠바티스타 비코는 데카르트가 말한 진리의 패러다임에서 자연과학은 사실에 대한 확실성을 제공할 수 있지만, 올바른 인생이란 무엇인지, 좋은 사회란 무엇인지 같은 질문에 우리 존재에 있어 가장 중요한 형이상학적 진리에 대해서는 통찰력을 주지 않는다고 지적했다. 이러한 실존적 질문에 대한 의미 있는 답을 찾는 데 필요한 지혜와 분석적이고, 비판적인 능력은 오직 대학에서만 알려 줄 수 있는 것으로, 대학은 신학, 철학, 법착, 의학, 수학, 천문학, 역사학, 수학, 건축, 문학, 음악, 예술, 학문의 보고로써 지식 전체를 포괄하는 곳이기 때문이다. 진정한 인문학 교사는 학생들에게 양을 측정하는 능력보다는 질적 감각을, 단순히 설명을 찾는 것이 아닌 의미의 비밀을 찾아내는 기술을 일깨우고 싶어 할 것이다.

안타깝게도 인문학은 공통분모로는 유용하지 않아서 사회적, 경제적 이유로 오랫동안 소외되었던 데다, 특히나 자연과학처럼 인위적인 이론과 정의, 데이터까지 수집해 '과학적인' 것처럼 보이려는 숨 가쁜 시도들이 이루어지는 중에, 소위 인문학은 상대적으로 무관하고, 의미 없는 '사실상의 학문'으로 그 자체를 축소시키려 했는데, 이는 후설의 분석과 완전히 맞아떨어진다. 학생들에게 독서의 기술을 가르치고, 의미와 진리 발견의 도덕 원리를 자신의 것으로 만들 수 있도록 가르칠 만큼 현명하고, 박식하며, 대담한 인문학 교사는 요즘 보기 드물뿐더러, 지금 시대와 맞지 않으며, 고독한 학자일 것이다.

현재의 등급에서 달성한 순위와 기부금 규모, 학생 수는 '대학'이라는 자랑스러운 타이틀을 내세우는 기관이 들인 마케팅의 효과를 모두 보여 주지만, 해당 기관들의 우수성에 대해서는 알 수 있는 게 없다. 이에 대한 타당한 기준은 단 하나로, 그 기관이 대학의 이상을 구현했는가 여부이다. 이 기준을 적용하자면, 오늘날 그 이름에 걸맞은 대학은 현대와 맞지 않는 인문학 교사만큼이나 드물다. 소위 대학이 사회에 제공해야 하는 것은 기껏해야 유용한 것일 텐데, 대부분 맥 빠질 정도로 무의미하다는 결론을 내릴 수 있을 뿐이다.

인간 개인에게 있어 니체가 말한 것처럼 영적 공허한 만큼 참기 힘든 것은 없으며, 그 결과 막스 베버와 그의 제자 에릭 푀겔린이 우리에게 경고했던 '설교 철학'이 대학에 등장하는 일이 일어나고 있다.

이데올로기의 구원 교리가 선포되고, 모든 사람은 집단주의적 태도가 전파되는 것에 완전히 순응하기 위해 독립적인 사고와 행동을 포기해야 할 것이다. 20세기 이후부터 마르크스주의, 레닌주의, 파시즘, 나치즘 및 여러 종교적 근본주의의 이데올로기가 존재해 왔다. 21세기에는 마오쩌둥주의가 중국에서 여전히 대중적이며, 자본주의는 경영대학원에서 인기를 지키고 있고, 사회정의 이데올로기는 서구에서 점점 인기가 높아지고 있다.

사회정의가 무엇인지 정확히 아는 사람이 없어서, 많은 이들은 그것이 긍정적인지, 부정적인지 분명히 알지 못한다. 하지만 그것은 무엇을 읽을지와 읽지 않을지, 무엇을 말할지와 말하지 않을지, 생각해야 할지와 생각하지 말아야 할지를 결정하는 사고방식으로서, 이데올로기가 맞다.

사회정의는 정체성 개념의 변화를 특징으로 하는 이데올로기다. 한때 서구 문명의 이상적 기둥이었던 유럽 인본주의에서, 우리의 진정한 정체성의 본질은 다른 개인과 구별되는 것이 아니라 모두가 지녔으며, 진리라는 인류의 통합을 보장하는 모든 보편적인 영적 가치 안에서 사는 것이다. 그것은 정의를 행하고, 사랑하며, 아름다운 것을 창조하는 것이었다. 우리의 정체성은 그래야 하며, 우리를 구별하는 데 사용되는 성별, 인종, 종교, 출신, 국적, 외모 같은 것들은 이차적인 것이다.

하지만 사회정의 문화에서는 부수적으로 고려되었던 것이 지금은 필수가 되었고, 실제로 '나는 다른 사람들과 다르다'는 개인의 정체성을 인식하고자 하는 요구가 매우 커졌다. 아이러니하게도, 이러한 정체성의 이데올로기가 우리를 새로운 집단주의에 종속시킨다는 사실을 전혀 깨닫지 못한 채 말이다. 이런 의미에서의 고등 교육 기관은 전 세계 모든 곳에서 고상한 어리석음의 보루로 변질되었는데, 과학만능주의와 모든 이데올로기에 내재된 '한 가지만 아는 광신'이 확산된 결과이거나 실패한, 때때로 상업화된 '인문학'을 통해 '아무것도 모르는 황폐함'이 퍼졌기 때문일 것이다.

에리히 칼러는 1920년에 막스 베버의 과학론에 대한 근본적인 비판을 출판한 사람으로, 1955년 프린스턴에서 열린 〈크리스티안 가우스〉 강연에서 고상한 어리석음을 배양해 발생할 수 있는 주요 사회적 결과에 대해 경고한 인물이기도 하다. 칼러는 사람들 스스로 가치와 진리를 알 수 있는 능력을 잃을 것이라고 말했다. 우리가 지킬 수 있는 가치에 기초한 도덕적 책임을 지는 대신, 과학 결정론과 사회를 지배하는 집단과 관련된 실용주의적 책임의 편에 설 것이다.

블레즈 파스칼은 《팡세》에서 "분명 인간은 생각하도록 만들어졌다. 거기에는 모든 인간의 존엄성과 가치가 있다.(L'homme est visiblement fait pour penser; c'est toute sa dignité et tout son mérite.)"고 말했다. 하지만 고상한 어리석음에 대한 고등 교육은 이런 지혜도 사라지게 했다. 그래서 전염병이라는 마르쿠스 아우렐리우스가 말한 이성적 사고의 퇴보와 서구 민주주의의 쇠퇴 형태로 나타나는 거짓과 어리석음이 현대에서 승리하는 것이다.

그러한 쇠퇴는 한때 가장 강력한 민주주의 국가였던 미국에서 가장 극적으로 나타나며, 미국이 새로운 버전의 21세기식 바이마르 공화국이 되는 궤도에 오르지는 않았는지 걱정하며 질무을 던져야 한다.

바이마르에서 민주주의는 유대인과 독일 혁명가들이 독일을 배신해 독일이 전쟁에서 패배했다는 비난을 가했던 배후중상설 거짓으로 훼손되었다. 미국에서는 민주당이 표를 훔쳐 2020년 대선에서 승리했으며, 그것이 트럼프가 조 바이든에게 패배한 유일한 이유라는 빅 라이(Big Lie) 허구로 인해 민주주의가 훼손되고 있다.

바이마르에서는 극단주의 운동의 대두로 민주주의 제도가 약화되었다. 미국은 두 주요 정당이 점점 반민주주의적이고, 반 공화주의적인 정당으로 변하고 있다.

바이마르에서는 신앙 부족이라는 음모론의 만연으로 민주주의가 약화되었는데, 미국도 그런 점에서는 별반 다르지 않다.

바이마르에서는 보수 정치 혁명이라는 생각이 지식인들 사이에서 특히나 확고했다. 그것은 특권층이 지배하는 통일된 사회 질서를 회복하는 것을 주요 목표로 삼았다. 지금 미국에서는 그것과 동일한 혁명이 크게 선전되고 있다.

바이마르에서는 정치 운동이 번성할 수 있었는데, 독일에 남은 것은 거짓과 공포, 증오, 외국인 혐오, 물질주의, 인종차별, 그리고 필요할 때면 추종자들에 의해 메시아적 인물로 여겨졌던 선동가에 대한 숭배와 이와 동반되었던 폭력으로 이루어진 정치뿐이었다. 미국에서도 비슷한 정치 운동이 힘을 얻고 있다.

민주주의 제도나 심지어 자유선거가 자유민주주의의 존속을 보장할 것이라고 생각하는 것은 끔찍한 실수다. 토마스 만의 유명한 강연인 〈찾아올 민주주의의 승리〉에서 미국 청중들에게 말했듯이 그것은 사실이 아니다. 그는 독일 바이마르 공화국의 흥망성쇠를 경험했고, 그 경험에서 얻은 교훈은 민주주의의 유일한 토대는 민주주의 정신이라는 것이었다. 그것은 모든 개인의 영적, 도덕적 자질에 호소하기 때문에 귀족 정신이다.

인류는 불의, 악, 잔인함, 어리석음, 이기주의, 기만, 비겁함을 저지를 수 있는 무서운 능력이 있다. 하지만 또한 위대하고, 존경받을 가치가 있는 능력, 예술과 학문에서 발현할 수 있는 능력, 진리에 대한 열정, 아름다움의 창조, 정의를 지닌다. 인간 본성은 정신적인 것, 삶에 대한 질문, 존경, 자기 인식을 가능하게 하며, 더 높은 수준의 본성과 도덕적, 정신적 가치를 나누고, 책임을 지는 존재가 되도록 한다. 만은 월트 휘트먼과 에이브러햄 링컨의 나라에 민주주의 정신을 알려 주었다.

"그것은 인류를 고양시키고, 생각하는 법을 가르치며, 자유롭게 하기를 희망하는 것입니다. 문화에서 특권이라는 낙인을 없애고, 이를 사람들에게 전파하는 것을 목표로 하죠. 한마디로 교육을 목표로 하는 것입니다. 교육은 낙관적이고, 인간적인 개념이며, 인류에 대한 존중과 분리될 수 없습니다."

그러나 미주주의 정신은 사라졌고, 그와 함께 대학 교육도 사라졌다. 미국뿐만 아니라 서구 전체가 고상한 어리석음이라는 전염병에 감염됐다. 독일의 설교자이자 신학자인 디트리히 본회퍼는 지능, 학력, 부, 사회에서의 최고 지위 같은 것이 한 사람이 어리석지 않다는 걸 보장하지 않는다는 사실을 쓰라린 경험으로 배웠는데, 그는 1945년 4월 9일에 39세의 나이로 히틀러 정권에 저항했다는 이유로 나치에 의해 살해되었다. 그는 감옥에 있으면서 사망하기 2년 전에 충직한 친구 세 명에게 이런 편지를 보냈다.

"어리석음에 적절히 대처하려면, 그 본질을 이해하려고 노력해야 한다네. 이것은 지적 결함이라기보다는 도덕적 결함인 게 확실해. 정신적으로 민첩하지만 어리석은 사람이 있고, 정신적으로 둔하지만 어리석음과는 거리가 먼 사람이 있으니 말일세."

한스 카스토르프가 토마스 만의 《마의 산》을 통해 질병과 죽음은 삶의 일부이지만, 선과 사랑을 위해 그러한 힘이 우리의 생각을 지배하게 해서는 안 된다는 것을 깨달은 것처럼, 우리 역시 알아야 할 것은 어리석음과 거짓은 항상 존재하지만, 인간 존재의 존엄성을 위해 그 두 가지 악의 힘이 지배하도록 둬서는 안 된다는 것이다. 그러니 우리는 에릭 푀겔린의 마지막 질문인 "어떻게 하면 존재의 거짓에서 벗어나 거짓의 세계 질서를 무너뜨릴 수 있는가?"라는 질문을 다시 한번 던져야 할 것이다.

발자취를 좇다

카를 크라우스는 그가 살았던 시대인 20세기 초에 거짓이 처음으로 세계 질서가 된 곳은 그의 고향이면서, 1914년 이전에 그가 '세계 파괴를 위한 연구소'라고 묘사한 합스부르크 제국의 수도인 빈에 있는 곳으로, 우리 시대에 대중 매체를 통해 처음 드러난 것이 확실하다고 말한다. 크라우스는 세속적인 유대인이자 시인으로서 언어가 진리의 주요한 표현임을 아주 잘 인지하고 있었고, 그래서 무의미한 수다, 요란한 슬로건, 진부한 말로 인해 말이 무의미해지거나, 선전과 선동으로 거짓이 되는 순간, 진리는 더는 언어에 의해 표현되지 않는다는 걸 깨달았다. 거짓이 그 자리를 대신하게 되니 말이다. 크라우스는 언어가 거짓이 되면 도덕적 가치도 곧 거짓이 될 것이라고 확신했는데, 우리가 그런 단어의 의미를 더 이상 알지 못한다면, 진리, 정의, 자유, 사랑은 무엇이 되겠는가? 머지않아 세상의 몰락이다가올 것이다.

1899년, 25세의 크라우스는 《디 파켈》이라는 저널을 창간했고, 뛰어난 풍자 작가로서 그 저널을 통해 저널리스트, 정치인, 군인, 사업가, 부유한 부르주아의 도덕적 위선과 거짓의 문화를 비난했다. 그때부터 1936년에 사망할 때까지 《디 파켈》을 922호 발행했는데, 거기에는 단 한 사람, 카를 크라우스의 기여가 있었다. 판매를 늘리고, 꼭 필요한 수입을 내기 위해 그는 정기적으로 자기 작품의 공개 낭독회를 열었다. 로버트 무질, 루트비히 비트겐슈타인, 헤르만 브로흐, 엘리아스 카네티, 에릭 푀겔린까지 빈의 모든 지식인이 크라우스의 작품 낭독을 듣고, 그들 자신의 도덕적 기준을 바로잡기 위해 《디 파켈》을 읽었다. 그들은 거의 매주 크라우스의 글을 읽거나 듣는 것에 익숙해져서, 1933년 1월에 히틀러가 권력을 잡은 후에 크라우스가 침묵하자 처음에는 놀랐고, 나중에는 불안해했다. 낭독회도 없었고, 《디 파켈》도 나오지 않았다. 크라우스는 10개월이나 침묵을 지켰다. 1933년 10월이 되어서야 《디 파켈》의 다음 호인 888호가 출판되었는데, 단 4페이지로 얇았다. 내용 대부분은 친구이자 소울메이트인 건축가 아돌프 루스를 위해 그가 쓴 장례식 연설로 채워져 있었다. 그 뒤에는 그가 마지막으로 쓴 짧은 시가 실렸다.

내가 말한 이후 무엇을 했는지 아무도 묻지 마십시오.
아무 말도 할 것이 없고

그 이유도 말하지 않을 테니.

땅이 무너진 이후로 고요함이 있었습니다.

어떤 말도 옳지 않았지요.

오직 밤이 되어 잠을 자며 말합니다.

농담하는 태양의 꿈.

지나갈 겁니다, 그리고 나중에는

중요하지 않겠지요.

그 세상이 일어났을 때 말은 가라앉았습니다.

카를 크라우스의 전기 작가인 에드워드 팀스는 마지막 줄을 문자 그대로 보다는 보다 명확한 의미로 번역했다.

히틀러의 세상이 깨어났을 때 말은 죽었습니다.

카를 크라우스가 10개월 동안 침묵한 것은 무솔리니에 이어서 이제는 히틀러까지 민주적인 과정을 거쳐 권력을 잡았다는 지독한 결과에 유대인으로서 짓밟힌 듯한 느낌을 받았기 때문이다. 그는 마지막 줄에서 그것을 표현했다. 히브리 선지자들에게 말씀이란 신이 세상과 인류를 창조하는 것이었고, 그리스 철학자들의 용어로 로고스인 말씀은, 형이상학적 이성, 진리, 지혜, 모든 인간 개인이 이성, 정신 및 언어로 연결된 우주 질서를 말한다. 그렇기에 관념과 진리의 세계와 그 도덕적, 정신적 가치를 알게 되는 것을 말하는데, 이 말씀, 이 로고스는 히틀러의 세계가 깨어남과 함께 우리에게는 죽은 것이었다. 우리 존재의 인간 존엄성은 사라졌고, 생명을 주는 진리와 인간의 존엄성을 이끌어내는 도덕적, 정신적 가치를 우리가 더는 알 수 없기 때문이다. 이런 가치를 표현하는 언어는 거짓이 되었고, 그 결과 그 거짓이 세계 질서가 되었다.

말씀의 상실과 함께 문화도 사라지고, 개념의 본래 의미 속 문화도 사라지는 것이다. 문화는 로고스의 중심으로, 진리와 가치, 지혜의 영역이다. 다른 것과 구별되는 그 특징은 인간의 정신을 배양한다는 것이다. 우리가 가진 문화 개념은 키케로에게 감사해야 하는데, 그의 불멸의 말에 따르면 영혼의 문화는 철학으로, 영혼의 배양은 지혜에 관한 탐구인 것이다. 문화가 우리를 위해 지켜 온 생각과 상상의 세계에서 나온 시대를 초월한 작품들 덕분에 그 지혜를 우리 것으로 만들 수 있다. 따라서 문화는 그 기원부터 도덕적 개념이며, 여기에서 우리는 우리 자신과 인간 존재에 대한 진실을 탐구하고, 흡수할 수 있는 여러 경로의 연결을 발견한다. 그러나 문화가 없다면 우리의 삶은 정신적인 차원을 상실하고, 원시적인 동물성이나 무감각한 로봇으로 전락한다.

카를 크라우스가 예언가적 시를 출판한 지 30년 후, 1963년에 또 다른 유대인 지식인 게오르게 슈타이너는 자신의 옛 평론집《인문학적 이해》에서 씁쓸하면서도 적절하게 논평했다.

"우리는 뒤쫓으며, 그것이 우리의 뻔뻔함을 보여 줍니다. 우리 시대가 저지른 정치적 짐승 같은 짓으로 인해 인간의 가치와 희망은 전례 없이 파괴된 이후에요."

지금의 포스트 문화 시대에 사회는 거짓이라는 뜻의 그리스어 단어인 사이비에서 따온 사이비 문화의 수 없이 많은 거짓 약속을 먹고 산다.

그런 사이비 문화 중 하나는 항상 착하고, 멋지고, 빠르고, 재미있고, 도발적이고, 쉽고, 생각이 없으며, 보통 '미치게 좋은' 삶을 믿게 만드는 키치 문화다.

두 번째 사이비 문화는 과학과 기술의 실용주의 문화로, 경험적으로 결정하고, 계산할 수 있는 것만이 참일 수 있으며, 삶에 유용한 것만이 중요하고, 과학과 기술로 삶을 어렵게 만드는 것은 모두 고칠 수 있다는 것이다. 대중적이고, 전능에 가까운 소셜 미디어는 우리가 하는 일을 완전히 통제할 뿐만 아니라 알고리즘을 통해 우리가 가진 기존의 관심과 욕구를 확인시킨다. 인간의 정신은 식민지화되어 플라톤의 동굴로 다시 밀려나는데, 그곳에서 우리는 우리 자신의 현실과 가정된 진실 외에는 아무것도 볼 수 없다.

세 번째 사이비 문화는 마치 인생에서 부와 명성보다 더 중요한 목표는 없다는 듯 우리에게 맘몬(Mammon)을 섬기는 삶의 꿈을 제시하는 자본주의와 유명인의 문화다.

네 번째 사이비 문화는 고상한 척하는 미학으로, 우리 세계의 일상 현실과 그 고통스러운 진실에서 벗어날 수 있는 '아름다운 작품'에 대한 향수 어린 숭배다.

이 네 가지 사이비 문화로 가득 찬 정신적 공허함은 다섯 번째인 마약 중독, 폭력과 거짓, 분노, 외국인 혐오, 민족주의, 권위주의, 전통주의의 파시스트 정치로 표현되는 절망이다.

그렇다면 지금은 어떤가? 우리는 어떻게 거짓의 세계 질서에서 벗어나 되돌릴 수 있는가?

그것을 끝내기 위해서는 먼저 유혹의 불협화음이 존재하는 이 세상을 떠나 피렌체에서 멀리 떨어진 아르노강의 녹음이 우거진 언덕으로 피신해야 한다. 먼 과거에서, 하지만 가까이에서 로마의 시인 베르길리우스의 음성이 들린다. 그는 추방되어 길을 잃고서 겁에 질린 단테가 《신곡》을 통해 인생의 여정을 시작하기 전에 단테에게 현명한 조언을 해 주었다. 이렇게 그는 우리가 따라가야 할 발자취도 보여 준다.

이제 다른 길로 가야 한다,
이 사나운 숲에서 탈출하고 싶다면……

다행히 우리는 베르길리우스가 이끄는 대로 단테가 처음 지옥을 통과했던 길을 떠날 필요는 없다. 우리는 이미 거기에 있었으니. 상상 속의 토스카나를 뒤로 하고, 파리의 장엄한 에펠탑 건너편에 있는 오래된 박물관인 트로카데로 궁전 벽에 쓰인 또 다른 시인 폴 발레리가 우리에게 한 지혜로운 충고를 읽어 보자.

지나가는 사람에 따라 다르다
내가 무덤인지 보물인지,
내가 말하는지 침묵하는지.
선택은 오로지 당신의 것이다.
친구여, 소망 없이 들어가지 말라.

베르길리우스는 우리에게 사이비 문화의 미로를 피해 다른 발자취를 따르라고 충고했고, 폴 발레리는 거짓의 세계 질서가 우리로 하여금 믿게 하려는 가장 큰 거짓은 그 이름에 걸맞은 유일한 그 문화가 영원히 사라졌다는 것이란 걸 알려 주었다. 그것은 사실이 아니다. 대중의 눈에 띄지 않을지 모르지만, 책, 음악, 예술이라는 보고 속에 문화는 살아 있고, 우리와 함께다. 샬럿 브론테의 소설《제인 에어》의 여주인공은 이 사실을 깨닫고서 맹렬하고, 단호하게 외칠 수 있었다.

시는 죽지 않았으며, 천재성은 사라지지 않았다는 걸 안다. 맘몬은 어느 쪽도 구속하거나 소멸시키는 권세를 누리지 못했다. 시와 천재성은 언젠가 다시 그 존재, 실재, 자유, 힘을 확고히 할 것이다. 힘 있는 천사들이여, 천국에서는 안전하기를! 그들은 더러운 영혼이 승리할 때 미소를 짓고, 연약한 영혼들은 그들의 파멸을 슬퍼한다. 시가 파괴되었다고? 천재가 없어졌다고? 아니! 평범함은 아니다. 부러움에 그런 생각은 하지 마시기를. 아니, 그것들은 살아 있으며, 널리 퍼져 있고, 구원한다. 그들의 신성한 영향력이 도처에 퍼지지 않는다면 여러분은 지옥에 있을 것이다. 자기 자신이 만든 비열함의 지옥 말이다.

인간 희극에서 우리가 뒤를 쫓는다면 거짓과 어리석음이 진실, 자유, 인간 존엄성을 이기지 못하는 세계 질서로 우리를 이끌 수 있는 발자취가 충분하다는 사실에 고무된 채, 우리는 현대의 베르길리우스로서 우리를 이끌려는 토마스 만의 유령과 전혀 우연이 아닌 만남을 가진다. 그렇게 상상의 무한한 왕국을 걷는 동안 흔적을 가리키며 따라가면서 토마스 만이 이야기를 시작한다.

"진리 안에 살기 위해 나는 얼마나 많은 발자취를 따르지 않았는가? 얼마나 많은 그릇된 발자취였나? 바그너의 발자취는 나를 잘못된 길로 이끌었다. 독일 문화의 우월함은 존중받을 가치가 있으며, 민주주의보다 우위에 있다는 나의 믿음도 마찬가지다. 니체는 내 정신을 예민하게 만들어 인위적이거나 완전히 거짓인 것을 알아볼 수 있게 해 주었다. 그렇다고 해서 어디든 그를 따라가야 한다는 것은 아니며, 그 역시 그에 대해 경고했다. 괴테! 내가 가장 많이 따랐던 것은 그의 발자취다. 그는 다른 어떤 예술가보다 나에게 소중하다. 그러나 내가 젊은 시절에 대단히 좋아했던 건 괴테가 아니라 그의 친구 실러였다. 열네 살 때 크리스마스에 아버지는 내게 실러 전집을 선물로 주셨다. 나는 그것을 큰 자랑으로 여겼고, 학교가 끝나면 《돈 카를로스》와 내가 마음에 새겼던 아름다운 발라드를 계속 읽느라 집으로 가는 걸음이 느려졌다."

요즘은 좋은 부모 중 그 누구도 아이의 열네 번째 생일에 실러나 다른 고전 작가의 작품을 선물로 줄 생각은 하지 않을 것이며, 책은 아이의 정신에 '너무 많은 것을 요구'하기에 부모가 책을 주는지조차 의심스럽다는 내 말에, 만은 냉소적으로 답한다.

"정말인가? 부모가 그렇게나 어리석다고? 그건 자녀를 지적으로 억제하려는 의도를 갖고 양육하는 것이나 마찬가지네. 자네도 알다시피, 아버지가 실러의 전집을 주신 후에, 가끔 그중 한 권을 학교에 가져갔네. 하루는 선량한 사람의 이름인 베스커라는 선생님이 내가 실러의 발라드에 푹 빠져 있는 것을 보셨지. 선생님은 이렇게 말했어.
'네가 읽고 있는 건 그냥 오래된 책이 아니란다, 토마스. 읽을 수 있는 최고의 책이지!'
누군가에게서 그런 말을 듣는다면, 그 말은 평생 맴돌 거야. 마치 그 사람이 어떤 축복처럼 내가 옳은 일을 하고 있다고 확인을 해 주는 것 같지. 아이에게 상상력을 자극하고, 영원한 가치가 있는 좋은 책을 주면 아이는 더 성장하고, 자신을 더 잘 인식할 수 있을 걸세.

이보다 더 훌륭한 선물은 없어. 그럼에도 솔직히 말해서 고전 문학을 읽는 것을 사람들이 두려워하는 게 놀랍지는 않다네."

"1955년 실러의 사망 150주년을 맞아 마침내 실러를 위한 강연과 더 긴 글을 바칠 수 있었을 때는 내 스스로 자신의 어둠 속으로 빠지기 불과 몇 달 전이었고, 당시 이미 퍼지고 있던 '실러는 한물갔다고 말하는 것 자체가 쓸모없는 것'이라는 잘못된 견해를 주장했지. 20세기 유럽에서 일어난 모든 일이 지난 후인 1955년에, 나는 그의 작품이 세상을 미치게 만든 것들에 대한 약이라는 걸 알았지. 실러가 1794년에 창간한 《호렌》을 어떻게 발표했는지 다시 읽어 보게. 이데올로기나 정치적 이해관계와는 거리가 멀고, 전쟁과 프랑스 혁명의 대공포 시대의 소리로 가득 찬 시대에, 실러는 정치적으로 분열된 세계를 '진리와 미의 기치' 아래 통합할 필요가 있다고 확신했어. 그는 저널과 주 협력자였던 괴테와 함께 독자들에게 고상한 인류의 이상을 상기시키고자 한 것이지.

'우리의 사회적 조건을 개선하는 더 나은 통찰력과 더 명확한 원칙, 더 숭고한 도덕을 세심하게 배양하는 것에 좌우되어야 한다.'"

"이 모든 게 지금은 아주 거창하게 들린다는 건 알지만, 그렇다고 해서 사실이 아닌 건 아니지. 국가의 정신적 수준을 개선하기 위해 노력하는 교육은 도덕적, 정신적 발전과 고무된 자유, 지성의 발전을 돕는 거야. 다른 전통을 가졌으면서도 정의를 위해 노력하는 사람들 역시 사람이라고 믿는 것이지. 터무니없는 거짓말과 증오 대신 품위와 질서, 정의와 평화를 소망하는 인간을 만드는 데 도움을 주는 것, 이는 현실에서 일종의 환상의 세계로 도피하는 것이 아니라 오히려 증오와 두려움에서 해방되어 생명에 기여하겠다는 결심이야. 그것은 학문과 기술만으로는 이루어질 수 없다네. 18세기 말에 실러가 쓴《인간의 미적 교육에 대한 편지》에는 합리성만이 가득하고, 예술과 미가 설 자리가 없는 곳에서의 우리는 여전히 야만인일 것이라고 예측했지."

"우리는 그것을 잊어버렸다네, 친구여. 구식이고, 시대정신에 어긋난다는 이유로 잊어버렸지. 하지만 실러가 같은 편지에 쓴 이 내용이 나는 옳다고 생각해. '정치권에서의 모든 개선은 인격의 고귀함에서 시작된다.' 진리에 충실한 예술은 인류가 자신의 진정한 운명을 되찾도록 도우며, 조악함이나 도덕적 타락, 부패로 이어지는 잘못된 길을 걷지 않도록 할 수 있네."

"실러가 이렇게 쓴 글을 나는 반복하지만, 자네가 나를 만나기 전에 읽었던 단테의《신곡》에는 이미 오디세우스의 유명한 노래가 적혀 있어."

그대들의 타고남을 생각해 보라.
짐승처럼 살려고 태어난 것이 아니라
덕과 지식을 따르기 위함이었으니.

여기에서 나는 토마스 만의 말을 가로막고, 그가 죽은 지 3년 후에 아주 유명해진 프리모 레비의《이것이 인간인가》에 대해 이야기했다. 만에게는 지상 지옥이었던 아우슈비츠에서 레비는《신곡》의 바로 그 구절에서 얻은 힘으로 어떻게 단테가 겪은 지옥보다 더 끔찍하고, 잔혹한 지옥에서 살아남을 수 있었는지 짧게 설명했다.

"시와 말이 완전히 비인간적인 세계에 사는 인간에게 다시 인간이 되려는 의식을 심어 줄 수 있는 능력이 있다는 사실은, 시의 대단한 힘을 잘 보여 주는 부분입니다. 그러나 거짓이 세계 질서가 되고, 아우슈비츠가 존재하는 것을 어떤 예술도 막을 수 없다고 알려 줄 필요가 없는 한 사람이 있다면, 그건 바로 당신이에요.《파우스트 박사》의 저자이자 엘자 브루크만을 잘 아는 사람인 바로 당신 말입니다. 골치는 아파도 여전히 결정적인 니체의 질문에 대한 답은 아직 나오지 않았어요. '모든 사람이 이기적인 고통과 혐오스러운 두려움만을 느끼고, 그 형상에서 동물이나 심지어 로봇 사람의 수준으로 전락했을 때, 인간의 형상은 누가 세웁니까?'"

내가 짧은 이야기를 하는 동안 우리는 그 자리에 서 있었다. 만이 말했다.
"이제 앉지. 나처럼 자네도 심각한 폐색전증으로 죽는다면 체력이 다할 텐데, 우리는 이미 먼 길을 걸어왔잖나."
조금만 더 가면 벤치가 있었는데, 내가 계속 말하는 동안 만은 나를 쳐다봤고, 우리가 벤치에 앉자마자 그는 이렇게 말했다.

"자네도 알다시피, 나는 이미 1925년에 뮌헨에서 히틀러의 세계가 깨어난다는 것이 무엇을 의미하는지 알고 있었어. 아니지, 아우슈비츠는 상상도 못 했네. 하지만 그건 인간애가 조금이라도 남아있다면 넘어서는 안 될 선이었지. 그것 말고도 나는 내 앞에서 일어난 모든 일을 봤다네. 튜턴족이 되어 버린 내 동포들이 어떻게 하다 반인본주의를 찬양하고, 스스로를 선택된 민족이라 여기며, 히틀러를 구세주로 보았는지 말이야. 그 거짓말쟁이들의 언어를 빼앗기 위해, 나는 다른 신화와 종교, 신에 대한 이야기를 하기로 결심했다네. 성경과 창세기에 나오는 오래된 이야기지만, 거기에서 종교적 녹을 제거하고, 새 생명을 불어넣어 새롭게 이야기하고 싶었어. 어떻게 인류가 아브라함의 발자취를 따라가며 그들 자신의 존엄성을 찾았는지에 대한 신화를 독자들이 다시 접할 수 있도록 했지."

"이야기는 바빌론 우르 출신의 이 사람이 인류에게 가장 중요한 건 누구를 섬겨야 하는지 아는 것이라는 생각에서 시작된다네. 그는 이렇게 결심했지. '나, 아브람과 내 안의 인간은 가장 높으신 분을 섬기겠습니다.' 아름다운 시작이지 않은가? 아브람은 먼저 땅이 가장 중요하다고 생각했지만, 땅은 하늘에서 내리는 비가 필요했어. 그다음으로 중요한 건 태양이라고 생각했는데, 태양이 지고, 달과 별도 졌지. 이 모든 것 위에 신이 있어야 함을 깨달은 그는 그분을 발견했어. 신은 세상의 공간이지만, 세상은 신의 공간이 아니니. 상상 이상의, 오직 정신적이며, 도덕적인 하느님은 아브람이 발견한 그 신이라네. 하느님과 그는 인간과 하느님의 관계에 관해 서로 언약을 맺었어."

"이게 신화냐고? 물론이야! 하지만 신화는 인간 정신의 가장 오래된 발자취지. 인간의 경험은 언어가 되어 이제 들려줄 수 있게 되었다. 신화가 시대를 초월하는 것은 이런 경험이 인류만큼이나 오래되었기 때문이다. 모든 의미 있는 삶은 신화적인 삶이며, 이는 기존의 발자취를 따라 걷는 것으로 이루어져 있다네. 그러나 모든 이에게는 자신이 걸을 발자취를 선택하는 데에 대한 책임이 따르지."

"이번 이야기는 내가 쓴 서사시적 작품인《요셉과 그 형제들》에 나오는 선사시대 이야기일세. 야곱의 아들 요셉은 하느님을 찾고, 인간 존재에 합당한 하느님의 형상이 되는 것이 무엇인지 알기 위해 아브라함과 이삭, 그의 아버지인 야곱의 발자취를 따라가야 함을 알고 있었지. 이것은 요셉이 직면한 모든 악과 고난 속에서 발견한 것이야."

"맙소사, 그 젊은이는 그를 죽이려고 하는 형제들의 손에 깊은 구덩이로 던져졌고, 그 후에는 이집트에서 노예로 일했으며, 권력자인 여성의 유혹을 뿌리쳤다는 이유로 감옥에 갇혔어. 하지만 요셉이 결국에 파라오의 오른팔이 되어 애굽인과 그의 백성을 굶주림에서 구하기 전에 그의 삶에서 배워야 할 것은, 진리 안에 살고, 선을 행하는 데는 신중함과 순종을 합친 태도인 신앙심이 필요하다는 거야. 그는 세상의 변화와 진리와 정의가 변화하는 형태에 신중해야 하며, 이러한 변화에 삶과 현실을 맞추는 것을 게을리하지 않아야 하고, 순종함으로써 끊임없이 정신에 정의로운 일을 행해야 했어. 내 소설에서는 그것을 신의 심려라고 부른다네. 그 반대인 죄악 안에 사는 것은 정신을 거스르는 삶이며, 신중하지 않고, 순종하지 않는 삶으로, 낡은 것을 붙잡고서 그 가운데 계속 살아감을 의미하지. 내 소설에서는 그것을 신의 어리석음으로 부르고.”

“진리, 가치, 지혜의 문화는 신의 심려의 전통을 통해 계속 존재할 테지. 안타깝게도 신의 어리석음을 뿌리 뽑을 수는 없는데, 이는 죽은 신앙의 전통주의이자 산 사람들 사이를 황폐화시키는 문화야.”

“어떻게 생각하나? 이 대답으로 니체를 설득할 수 있을 것 같나? 그건 아닐 것 같군. 그에게 신은 죽었으니, 논리적으로 그 진리와 연관 있는 모든 도덕적, 정신적 가치도 죽었으며, 시간이 지남에 따라 발생하는 모든 변화 속에서 우리가 계속 우리의 가치를 만드는 데 필요한 모든 가치도 미친기지일 테지. 그건 그렇고, 니체의 회의론은 신이 더 이상 존재하지 않는다는 그의 확신과는 큰 관련이 없어 보여. 아브라함과 이삭, 야곱이라는 신이 소크라테스에게도 존재하지 않았어도, 니체를 설득할 수 없었을 걸세. 하지만 소크라테스의 로고스 철학은 여러 면에서 히브리 선지자들의 신앙과 밀접하게 관련되어 있지. 그들의 신은 소크라테스의 로고스이며, 우리가 신의 형상으로 창조되었다고 알려진 것처럼 소크라테스는 모든 사람이 그들 안에 작은 로고스의 불꽃을 지니고 있다고 확신했어. 이는 그가 '영혼', 우리 '내면의 나침반'으로 부르는 것이기 때문에, 영혼을 보살피는 것이 삶에서 가장 중요한 임무라고 한 것일세. 그것은 우리 존재가 진실되고, 선하며, 아름답고, 의미 있음을 알게 하는 유일한 방법이기 때문이야."

"'신중함'과 '순종'을 갖춘 성경 속 요셉의 종교적 태도는 모든 의미 있는 삶, 모든 지식은 자기 탐구로 시작되어 자신을 아는 것에서 시작된다고 믿었던 소크라테스의 입장과 크게 다르지 않았네. 끊임없이 질문하며, 자기비판과 가치 있는 것과 그렇지 않은 것, 선과 악을 구별하는 비판적 능력을 통해서만 자신의 영혼을 헤아릴 수 있고, 이는 스스로가 어떤 사람인지 알고, 양심의 소리에 귀 기울임으로써 더 나은 자신이 될 수 있는 것일세."

"요셉에게 믿음이 있다면, 소크라테스에게는 지혜에 대한 사랑이 있어. 우리 삶에서 진리와 의미를 찾고, 모든 사람이 무의미하거나 진정한 악을 너무 자주 직면하는 세상을 극복하려면 그러한 지혜가 필요하네."

"거짓과 어리석음이 더는 인간의 자유와 진리, 인간 존엄성을 이기지 못하는 세계 질서죠."

내가 덧붙였다.

"쯧! 그렇게 말할 수도 있겠지. 알다시피 니체의 허무주의는 우리 세계의 최종적인 환멸일세. 자네가 보고, 듣고, 느끼는 모든 것과 삶 전체는 공허함과 단조로움, 완전한 무의미함의 끝없는 경험일 뿐이야. 하지만 꼭 그래야 하는 건 아니지."

"잘 듣게나, 젊은 친구. 우리는 자유로이 선택할 수 있다는 걸 새겨듣고 절대 잊지 말게. 모든 사람은 삶과 죽음 사이에서 자유롭게 선택할 수 있어. 대단한 기술과 스포츠 업적을 외치며 어리석음과 거짓에 취해 스스로 몰락할 수도 있는 거야. 인간의 모습을 한 로봇이 되어 우리는 세상을 계산 가능한 수준으로 축소해, 품질을 양으로 바꾸며, 겨우 기술을 확장하는 게 다일 수 있어. 다 가능한 걸세. 그렇지만 우리는 요셉처럼 하느님 형상의 모범이 될 수도 있고, 소크라테스처럼 인류라고 불릴 만한 사람의 모범이 될 수도 있다네. 바로 이게 니체의 위대한 질문에 대한 답이야. 이 모든 것은 세상을 다시 매혹할 수 있는 능력이라는 모든 인간에게 주어진 특별한 선물 덕분이야! 나를 믿게, 누구나 할 수 있어! 사랑으로, 우정으로, 아름다움의 창조로, 정의로움으로, 연민으로, 거짓에 맞서 진리로 겨루어서, 진실됨으로 어리석음에 맞서 싸워서. 그리고 뮤즈는 존재한다네! 불멸의 예술이 있어. 시, 이야기, 음악, 예술 작품을 통해 상상력을 발휘해 세상을 변화시키고 매혹해, 어리석음도, 거짓도 힘을 쓰지 못하는 곳, 모든 사람이 죽을 때까지 평화로우며, 존엄성을 갖고 살 수 있는 곳으로 만드는 거야. 단테의《신곡》에 나오는 오디세우스의 다음과 같은 말이 자네를 위한 기도가 되기를 매일 소망하지. '그대들의 타고남을 생각해 보라. 짐승처럼 살려고 태어난 것이 아니라 덕과 지식을 따르기 위함이었으니.'"

"내 말을 믿게, 선택할 수 있어. 그러니 삶을 선택하게. 그러면 실러와 함께 우리에게 들리는 시끄러운 귀뚜라미 합창단처럼 노래할 수 있다네."

백만인 이여, 서로 껴안으라!
전 세계의 입맞춤을 받으라!

"아, 그 노래가 어떤 노래인지 알지 않나. 미안하지만, 난 이만 가야겠군. 이미 저녁 별이 떴어. 오늘 밤, 끝없이 빛나는 별의 장관을 다시 살펴보며, 선택할 수 있음을 다시 한번 기억하게. 자네가 보고 있는 것이 핵융합을 겪고 있는 수소와 헬륨의 구형 발광 플라즈마에 지나지 않는 것인지, 창조의 위대한 기적인 별이 빛나는 밤인지. 자네가 기적과 경탄을 선택한다면, 아마 다음의 문장을 경험하는 기쁨도 알게 될 걸세."

이런 소망을 표현한 후, 나의 베르길리우스는 일어섰고, 다정하게 '안녕, 친구' 인사와 함께 저녁 황혼의 유성처럼 빠르게 사라졌다.

나도 여정을 계속하기 위해 일어섰다. 걸어가면서 하늘의 둥근 천장을 바라보았고, 곧 결심했다. 햇빛의 잔광이 사라지고, 하늘이 별빛 찬란함으로 뒤덮일 때, 별 하나를 그의 별이라고 생각할 것이라고.

hum

homme

人間

menneske

art

a

de frie kunster

k

homme

人間

home

art

die Kunst

de frie kunster

ko

homme

人間

hombre

homem

art

die Kunst

arte

de frie kunster

konst

hur

homme

homem

die Kunst

藝術

sztuki
human

세 번째
고찰

hombre

용기와 연민에 대하여

menneske

- 에밀 리멘을 기억하며

arte

sztuki
human

menneske

sztuki

1장

에밀 졸라의 《나는 고발한다》는 유럽 역사상 최초이자 가장 유명한 진실과 정의를 향한 영혼의 외침으로, 겉으로는 '국익'을 수호하는 것처럼 보이는 프랑스 고위 장교들의 거짓말, 위선, 불의를 향해 던진 지적 폭탄이다. 그들은 반유대주의에 상당한 영향을 받아 진실과 정의가 승리하는 것보다 반역죄로 누명을 쓴 유대인 출신의 대위 알프레드 드레퓌스를 대서양에 있는 멀리 떨어진 작은 섬의 감방에 보내 그가 고통받기를 원했다. 1898년 1월의 어느 어두운 겨울밤에 쓰여진 《나는 고발한다》에서 터져 나오는 억눌린 분노는 드레퓌스에게 가해진 불의와 고통이 졸라에게는 예상하지 못한 기시감의 사례였으며, 그의 어린 시절에 대한 많은 기억을 불러일으켰는데, 사랑하는 어머니 에밀리 졸라가 미망인이 되어 홀로 남겨져 겨우 7살이었던 외동아들인 에밀을 키워야 했던 때, 그 자신에게 가해진 불의와 고통에 대한 기억을 떠올리게 했기 때문이다.

2장

프란체스코 졸라는 에밀 졸라의 아버지로, 1795년 베네치아에서 태어났다. 그의 가족은 부유하지는 않았다. 생계를 유지하기 위해 어린 나이에 군대에 입대했지만, 그의 진정한 열정은 토목 공학에 있었다. 30세가 되기 전에 이미 자신이 택한 경력을 쌓은 그는 유럽 철도 부설로 어느 정도의 명성을 얻었다. 유럽과 북아프리카에서 수년간 떠돌다가 1833년에 마르세유에 정착해 엔지니어 프랑수아 졸라로 이름을 바꾸었다.

그의 주도하에 미스트랄 바람의 파괴적인 힘에 맞서 마르세유 항구를 보강할 계획을 발전시켰다. 그는 마르세유 바로 외곽에 새 것이긴 해도 견고함은 훨씬 떨어지는 항구를 건설해 재정적으로 이익을 챙기려는 힘 있는 시민 집단의 격렬한 반대에 직면했다. 몇 년 간의 계속된 투쟁 끝에 프랑수아 졸라는 싸움을 포기할 수밖에 없었다. 그는 파리로 이주해 1839년에 아름다운 에밀리와 결혼했고, 1840년에 아들 에밀의 탄생을 축하했다.

가족은 1843년에 엑상프로방스로 이사했고, 그곳에서 프랑수아는 새로운 프로젝트에 착수했다. 더위와 이어진 가뭄으로 인구 27,000명의 작은 마을은 계속 물이 부족했다. 프랑수아는 엑스와 가까운 르 톨로네의 랭페르네강에 댐을 설계하고, 호수에는 운하를 만들어 엑상프로방스에 계속해서 안정적으로 물이 공급되도록 하는 설계를 계획했다. 이번에는 그가 세운 계획에 대한 반대와 불신을 이겨냈다. 그는 건축을 시작할 수 있는 허가를 받았고, 지역 정치인들을 포함한 몇몇 파트너들과 함께 졸라 수로상사를 설립해 그가 세운 민간 계획에 자금을 조달할 수 있었다. 이익은 나중에 분배될 터였다.

에밀 졸라의 아버지가 설계한 디자인에는 뭔가 웅장한 것이 있었다. 세계 최초의 곡선형 댐으로 독특했다. 그의 아들은 어린 시절에 아버지와 함께 건설 현장을 구경하고, 그 자리에서 건축 예술 작품이 나올지 바라보며, 언제까지고 그곳에 머물 수 있었다.

그러나 댐 건설이 막 시작되었을 때 운명의 장난처럼 프랑수아가 폐렴으로 갑자스럽게 사망했다. 그가 짊어진 빚 때문에 아내와 아이는 가난하게 살게 되었다. 졸라 상사의 파트너들은 창립자의 가족과 프로젝트를 기획한 이를 도울 마음이 없었다. 사실 이제는 프랑수아 졸라가 없으니 '그들의 상사'에서 그의 이름을 지우고 싶었다.

그들이 의도한 것은 기업이 이익을 창출하기 시작해도 그 이익을 과부와 나눌 필요가 없는 것이었다. 이런 까닭으로 에밀의 어머니인 에밀리는 훌륭하고 사랑하는 남편의 명예를 지키고, 아들에게 최고의 교육을 시키기 위해 비열함, 거짓말, 모략에 맞서 길고, 쓰라린 외로운 싸움을 해야 했다.

에밀은 어린 나이였음에도, 그중 어느 것도 피할 수 없었다. 그는 어머니가 겪은 사건들과 그들의 탐욕과 시기심으로 졸라라는 이름을 지우고, 그 아버지의 영적 유산인 웅장한 댐과 운하와의 관련성을 끊으려는 시도가 어떻게 이루어졌는지 보고, 들어서 알고 있었다. 하지만 그는 자신의 무력함을 아는 어린아이에 불과했다. 결국 그의 어머니는 파트너들을 법정에까지 끌고 갔지만, 지고 말았다. 에밀은 이것이 사회 계층의 문제라는 것을 알았다. 진리와 정의는 거짓과 권력, 시기와 사리사욕에 짓밟히고, 휩쓸렸다. 어머니와 아들은 엑상프로방스에서 환영받지 못한 채 파리로 돌아왔다. 결국 그들은 '그 베네치아인 가족'밖에 되지 못한 것이다.

에밀은 아버지의 뒤를 이어 자신의 작품으로 졸라라는 이름이 영원히 기억되게 만들겠다고 결심했다. 하지만 그 새로운 작품은 공학이 아니라 글쓰기에서의 위업이 될 것이었다. 에밀은 30세가 되기도 전에 아버지 못지않은 웅장한 작품을 만들려는 계획의 초안을 그렸다. 그는 역사를 쓰고, 대단한 것을 창조하고, 가족사를 바탕으로 하여 현실뿐만 아니라 당시의 불편한 진실로 인해 종종 억압받던 이들에게도 진실한 예술 작품을 지으려고 했다. 한편으로 노동 계급의 사회적 빈곤과 이상, 다른 한편으로는 부르주아 계급의 탐욕, 성적 위선을 포함한 위선, 나르시시즘, 편협함 등은 그가 살았던 당시의 진실이었기 때문이다. 또한 모든 개인이 어떻게 이성, 학문, 예술을 통해 인간의 존엄한 운명을 창조할 수 있는지 보여 줄 것이었다.

《루공마카르 총서》. 〈제2제정 시대 한 가족의 자연적, 사회적 역사〉라는 부제가 붙은 그의 작품이다. 총 20권의 소설로 구성되었고, 그는 24년간 아주 엄격한 규칙을 지키며 매일 글을 썼다. 실제로 책은 큰 성공을 거두었다. 1893년에 작품이 완성되었을 때, 에밀은 자신이 졸라라는 이름을 불멸의 이름으로 남길 만한 작품을 탄생시켰다는 걸 알았다. 아버지가 결코 이루지 못할 운명을 그가 이룬 것이다. 그는 국제적인 유명 인사가 되었고, 부와 만족감이 가득했다.

3장

1894년 12월 신문에 유대인인 드레퓌스 대위가 군사 법정에서 반역죄로 유죄 판결을 받았다고 보도됐을 때, 졸라는 큰 관심을 두지 않았다. 드레퓌스는 결백을 주장했지만, 프랑스 전체가 거의 그렇듯 졸라 역시 조국을 위해 싸우고, 기꺼이 목숨을 바치는 용감한 프랑스 군인들을 존경했다. 판결을 내린 장군들의 지혜와 정의로움은 의심할 여지가 없었다.

드레퓌스가 계속 죄를 부인해서인지, 1895년 1월 5일 아침에 파리에 있는 사관학교의 연병장에서 공개적인 굴욕 사건이 있었다. 수천 명이 보는 앞에서 그의 견장과 계급장이 뜯겨나갔고, 군복은 찢겼으며, 검은담비 모피는 찢어졌다. 그날 오후에 이를 목격한 사람이 졸라에게 소식을 알렸고, 그는 관심이 생겼지만, 주된 이유는 아버지가 한때 잠시 공부했던 군사 훈련 학교에서 일어난 사건에서 그라면 절대 쓰지 않을 것 같은 흥미로운 소설의 줄거리가 엿보였기 때문이었다.

졸라는 다른 소설을 위한 또 다른 영감을 받아 드레퓌스에 대한 모든 걸 잊어버리고 있었다. 그즈음 1896년 11월에 예기치 않게 베르나르 라자르가 졸라를 방문했는데, 그는 시인이자 비평가이며, 두려움의 대상인 논쟁가, 무정부주의자, 유대인, 그리고 거의 1인 십자군처럼 프랑스의 반유대주의에 맞서 무기를 든 사람이었다. 소설가로서의 졸라를 낮게 평가했고, 평론가로서 졸라의 소설이 '미학적으로 가치가 없다'는 사실을 결코 숨기지 않았는데도, 라자르가 그와 이야기하고 싶어 하는 데는 중요한 이유가 있었다.

첫 번째 이유는 드레퓌스의 형제인 마티유에게서 받은 정보를 바탕으로 어느 정도 대위가 군대 내 반유대주의 음모의 희생자라고 확신한 것이었다. 그는 졸라에게 다음과 같은 사실을 전했다.

첫 번째 사실은 잘 알려진 것으로, 군대에는 군 기밀을 모아 파리 주재 독일 무관인 폰 슈바르츠코펜에게 파는 스파이가 있었다.

두 번째 사실도 잘 알려진 것인데, 드레퓌스에 대한 유일한 증거는 기밀 목록을 작성한 필기체가 그의 것으로 확인되었다는 것이다.

세 번째 사실은 누구에게도 알려지지 않은 것이다. 처음 목록을 분석해 달라는 요청을 받은 군의 필기 전문가는 그것이 드레퓌스의 글씨인지 확신하지 못했다. 그래서 군 지도부는 참모에게 그들이 듣고 싶은 내용을 말해 줄 다른 전문가와 상의하겠다고 결정했다.

네 번째 사실도 잘 알려지지는 않았는데, 참모는 반유대주의의 보루이므로 그 군대의 스파이가 유대인이라는 결론이 완벽하게 들어맞았다.

다섯 번째 사실은 우리 모두가 알아야 하는 것이다. 알프레드 드레퓌스는 유대인이자 헌신적인 애국자이며, 어떤 대가에도 최대 적인 독일에 사랑하는 조국의 국가 기밀을 팔지 않을 명예로운 사람이었다.

베르나르 라자르가 졸라에게 전한 결론은 진실이 승리해야만 드레퓌스가 겪은 불의를 원상태로 돌릴 수 있다는 것이었는데, 이는 프랑스의 여론이 동원되어야 함을 의미했다. 라자르는 팸플릿을 출판해 그 목적을 이루려고 노력했지만, 프랑스에서 유대인이자 무정부주의자로 잘 알려진 그는 적이 많고, 영향력도 거의 없는 주변 인물에 지나지 않는다는 걸 잘 알았다. 이와는 다르게 졸라에게는 강력한 펜의 힘이 있었고, 라자르는 그해 5월 신문《피가로》에 〈유대인을 옹호하며〉라는 제목의 졸라의 기사를 읽고서 놀랍게도 깊은 감동을 받았다.

당시 졸라는 이렇게 적었다.
"나는 프랑스에서 일부 사람들이 유대인에게서 등을 돌리도록 선동하는 캠페인에 점점 더 놀라움과 혐오감을 느끼고 있다. …… 이는 모든 감각과 진실, 정의가 결여된 것이며, 우리를 몇 세기 전으로 되돌리는 어리석은 일이고, 결국에는 최악의 잔혹 행위인 종교적 박해로 끝나게 될 일이다. …… 더욱이 이 모든 것이 민주주의 시대, 보편적 관용의 시대, 평등과 박애, 정의를 향해 나아가는 운동이 늘어나는 시대의 일이라니. …… 유대인을 반갑게 맞이하면 그들은 융화되어 우리와 하나가 될 것이다."

졸라는 베르나르 라자르의 생각에 공감했고, 그의 호전성, 독립성, 졸라에 관한 진실, 정의에 대한 공통된 열정에도 불구하고, 그는 대중 앞에 서라는 라자르의 요청을 거절했다. 졸라는 드레퓌스가 결백하다는 것을 증명할 수 있는 확실한 사실이 너무 없다고 생각했다. 당연히 라자르에게 말할 수 없었던 것은, 적어도 그것이 그 사건과 거리를 두는 중요한 이유였지만, 라자르가 엄청난 인기와 가톨릭교회의 지원을 받는 군대와의 싸움에서 잃을 게 없다는 걸 알고 있다는 것이었다. 반대로 졸라는 열심히 노력해 얻은 사회적 지위를 고려하면, 모든 걸 잃을 것이었고, 특히 프랑스어의 순정함을 지키는 아카데미프랑세즈의 불후의 40인 중 한 사람으로 선포될 기회도 포함되었다.

한 해가 지난 1897년 11월 13일, 졸라는 상원 부의장인 오귀스트 쉐레르 케스트네르와의 점심 식사에 초대됐다. 이 고위 정치 관리는 원래 프로테스탄트 교도였고, 드레퓌스와 마찬가지로 알자스 출신이었다. 그는 과학에 열정이 있는 화학자로, 프랑스를 모든 문명의 조국으로 이상화하고, 독일을 야만인의 땅으로 여겼다. 그는 드레퓌스 대위가 아니라 에스테르하지 소령이 빚을 청산하기 위해 군 기밀을 파는 스파이였다는 명백한 증거를 신임 프랑스 정보국장인 피카르 중령이 우연히 발견했다는 충격적인 사실을 듣게 되었다. 피카르가 그의 상사에게 이것을 알렸을 때, 그가 내민 증거는 '신뢰할 수 없다'는 이유로 기각되었고, 피카르는 허울뿐인 승진을 하고서 북아프리카로 보내졌다. 중령은 경력에 금이 갈 것 같은 두려움과 양심의 괴로움 속에, 프랑스를 떠나기 전에 변호사였던 그의 친구에게 증거를 맡기면서 이것을 당분간 비밀에 부치라고 강조했다.

변호사는 그 지시의 일부분만 따랐는데, 오귀스트 쉐레르 케스트네르에게 알렸으니 말이다. 부의장은 육군 최고 사령부가 의도적으로 무고한 사람에게 유죄 판결을 내렸다는 사실을 믿을 수 없었다. 그런 처사는 군대 평판에 금이 갈 수 있었고, 이것은 곧 프랑스의 평판과 연결된 것이기에 결코 상상할 수 없는 일이었다. 부의장은 처음에는 사건의 재수사를 위해 프랑스 대통령 펠릭스 포르를 설득하기 위해 조용한 외교 방식을 쓸 생각이었다. 그러나 대통령은 그러기에는 입장이 크게 위험해질 것으로 생각했고, 쉐레르 케스트너는 자신이 앞장서 프랑스 의회에 드레퓌스 사건을 재수사할 것을 요청하기로 했다. 그런 요청을 할 때 어떤 단어로 말해야 가장 적절할지에 대한 조언을 얻기 위해 졸라를 점심 식사에 초대한 것이었다.

그날 오후 졸라가 그에게 어떤 조언을 했는지는 모른다. 우리가 아는 것은 이틀 후에 상원 부의장이 새로운 사실을 전달했고, 사건을 재수사할 것을 요청하는 기사를 냈다는 것이다. 프랑스의 명예를 위해 선의로 행동하고 싶었던 도덕적인 남자는 기사에 뒤따른 유례없는 언론의 공격에 놀라 깊은 상처를 입었는데, 거기에는 '독일인!', '유대인!', '반역자!'라는 비방과 모욕이 있었다.

에밀 졸라는 이 모든 걸 보고 들었고, 잠 못 이루는 밤이면 어릴 적 어머니와 아버지가 당했던 사건들에 대한 기억이 모두 되살아났다. 그때의 그는 무력했다. 하지만 더는 아니다.

그의 영혼 깊은 곳에서 자신이 명문 아카데미프랑세즈의 불후의 인물이 되더라도, 너무나 비겁한 태도로 양심에 따라 행동하지 않는다면, 침묵을 지키고, 결과에 대한 두려움 때문에 진실과 정의를 위한 싸움을 포기한다면, 졸라라는 이름을 쓸 자격이 없을 것이라는 걸 알았다.

Becoming Human is an Art

4장

쉐레르 케스트너의 기사가 나오고 10일 후, 졸라는 《피가로》에
또 다른 기사를 냈는데, 사건을 재수사해 일을 올바르게 해야 한
다는 내용의 상원 부의장을 옹호하는 간절한 탄원이었다. 그는 "전
진하는 진실과 그 무엇도 이를 막을 수 없다(La vérité est en marche, et
rien ne l'arrêtera)"는 말로 글을 마무리했다.

전진하는 것은 진실만이 아니었다. 증오도 있었다. 드레퓌스 사
건은 완전히 공공의 사건이 되었고, 대중의 분노를 일으킨 건 쉐레
르 케스트너 보다는 졸라였다. 길거리에서는 그를 조롱했고, 이렇게
소리쳤다.

"군대 만세! 졸라를 타도하라!"

《피가로》는 곧 그에게 분노한 많은 독자들이 신문에 등을 돌리

고 있어, 더는 그의 글을 싣지 않겠다고 전했다. 그래서 졸라는 팸플 릿 두 개를 직접 냈다. 첫 번째는 프랑스의 청년들에게 전하는 말이 며, 두 번째는 프랑스 전체에 전하는 것이었다.

그는 거리에서 자신을 모욕하는 젊은이들에게 그들의 아버지들이 폭정과 불관용, 종교적 광신에 맞서 싸웠던 데는 그만한 이유가 있다고 말했다. "그다음 세대인 여러분은 주저하지 않고 진실과 정의의 편을 선택하며, 관대하고, 열린 마음을 갖고서, 민족주의와 유대인에 대한 증오를 설파하는 선동자들에 의해 흔들려서는 안 됩니다."라고 말했다.

그는 프랑스인들에게 한때 전 세계에 대한 인류애, 진리, 정의의 훌륭한 본보기였던 우리 조국 프랑스가 이제는 거짓된 언론, 공포와 증오의 반동적 선전자, 그리고 고상한 반계몽주의에 휩쓸렸으며, 그 때문에 죄 없는 드레퓌스 대위는 불의의 희생자로 남게 될 뿐만 아니라, 프랑스 전체가 한때는 프랑스를 위대하게 만들었던 종교적 관용, 자유, 평등, 형제간의 연대를 잃을 수도 있는 큰 위험에 처할 것이라고 경고했다.

육군 최고 사령부는 이런 발언에 대해 오래 지나지 않아 반응했다. 에스테르히지 소령이 진짜 스파이라며 공개적으로 비난을 받았고, 같은 군사 재판소에서 소령에 대한 사건 재판이 신속하게 조직되어 1898년 1월 10일 월요일에 법정에서 심리가 진행될 예정이었다. 바로 다음 날인 1월 11일 화요일, 에스테르하지는 만장일치로 모든 혐의에 대해 무죄를 선고받았으며, 드레퓌스는 다시 조국의 반역자로 낙인찍혔다. 군사 재판 쇼의 의도는 드레퓌스 사건으로 알려진 것들을 완전히 종결시키는 것이었다. "로마가 말했으니, 그 사건은 끝났다."

대위의 결백을 확신한 드레퓌스파는 어찌할 바를 몰랐다. 이제 그들은 법적, 정치적 싸움에서 진 것이 확실했다. 정의를 실현하기 위해 그들이 할 수 있는 것은 없었다. 반대로 에밀 졸라는 권력 남용, 프랑스 엘리트 계층의 비겁함, 그리고 폭력적인 혁명을 주도한 도덕적 가치에 대한 배신에 분노했으며, 무엇보다도 진실이 훼손되고, 불의가 만연하는 동안 자신이 무기력하게 지켜본 것이 아니라는 것에 특히나 화가 났다. 그는 펜을 들었다. 하룻밤 만에《공화국 대통령에게 보내는 편지》를 썼다.

모든 사실을 적은 긴 문장의 마지막은 "나는 고발한다"라는 문장으로 분명한 메시지를 전하듯 8번이나 똑같이 반복됐다. 그는 8명의 육군 고위 장교와 3명의 사기 필적학자, 육군성과 군사 재판소 전체의 이름을 언급했다. 그들을 정치적, 종교적 동기에 이끌려 정의와 인류에 반하는 범죄, 사기, 기타 법률을 위반했다며 비난했다. 졸라는 이 사람들 중 누구도 개인적으로 알지 못하며, 그들을 증오하지 않는다고도 덧붙였다. 그에게 있어서 그들은 단지 사회적 악의 전형일 뿐, 그가 그런 행동을 하는 이유는 진실과 정의가 다시 설 수 있도록 하려는 것이었다. 또한 그 편지에 모든 형태의 모략을 범죄로 규정하는 법률 조항도 전부 적었다. 그것은 최후의 도발이었다. 이제 그에 대한 새로운 재판이 열려야 한다! 군사와 정치 엘리트들이 졸라가 제기한 중대한 주장을 무시하는 것은 불가능했다. 졸라는 혼자 힘으로 드레퓌스 사건은 끝난 게 아니라 단지 시작임을 알렸다. 프랑스 전체가 드레퓌스 사건을 주목했으며, 유럽 역시 졸라의 재판을 목격했기 때문이다. 그는 어떤 표현의 단어를 사용할지에 대한 조언이 필요하지 않았다. "제 항의는 단지 제 영혼의 외침입니다."라며 편지를 끝냈다.

1월 12일 수요일의 이른 아침, 《피가로》에서 거부당한 졸라는 나중에 프랑스 총리가 된 조르주 클레망소가 새로 창간한 일간지 《로로르》에 편지를 가져갔다. 그는 편지를 편집 위원회 전체 앞에서 큰 소리로 읽었다. 그가 다 읽고 나자, 짧지만 깊은 침묵이 흘렀고, 곧 기쁨에 찬 박수가 터져 나왔다.

글을 편집할 필요도 없었고, 졸라는 돈을 요구하지도 않았다. 클레망소가 편집자로서 한 일은 맨 위에 굵은 글씨로 《나는 고발한다》를 추가하는 것뿐이었다. 에밀 졸라의 편지는 그 제목으로 1898년 1월 13일 목요일에 《로로르》의 첫 페이지에 실렸고, 전례 없이 30만 부가 인쇄됐다. 많은 소년들이 신문 뭉치를 들고 거리를 달리며 "에밀 졸라! 나는 고발한다! 에밀 졸라! 나는 고발한다!"라고 외쳤다. 파리는 격분했다.

졸라는 목적을 이뤘다. 그가 예상했던 대로, 지금 무슨 일이 일어나든 "전진하는 진실과 그 무엇도 이를 막을 수 없다"

　　재판이 열렸다. 졸라는 해야 할 말을 했지만, 소송에서 패소해 징역 1년과 막대한 벌금을 선고받았다. 항상 전략을 짰던 클레망소의 재촉으로 졸라는 런던으로 망명했고, 그 때문에 사건은 법적으로 종결될 수 없었다. 더 이상 진실을 멈출 수 없었던 것이다. 실제로 일어났던 사건에 대한 사실이 점점 더 많이 드러났고, 그것들은 대중에게 알려졌다. 1906년의 여름, 드레퓌스는 마침내 완전히 명예를 회복했고, 군대 내의 지위도 회복했으며, 소령으로 진급했다. 그가 군휘장을 박탈당한 바로 그 장소인 파리의 사관학교에서 레지옹도뇌르 훈장을 받았다.

　　졸라는 그가 명예를 되찾는 걸 보지 못했다. 1902년 9월 파리의 한 아파트에서 불분명한 상황 속 일산화탄소 중독으로 갑작스럽게 사망했다. 그가 살해됐다는 소문이 돌았지만, 입증된 것은 없다.

5장

졸라는 사후에 안락한 삶과 자유를 기꺼이 포기할 운명을 타고 난 알프레드 드레퓌스를 다시 만났다. 《나는 고발한다》가 나온 지 10년 후에 조르주 클레망소는 프랑스의 총리가 되어 1908년 6월 4일, 졸라의 유해를 파리의 판테온에 안장하기로 결정했다. 판테온은 졸라 이전에 그 유명한 볼테르, 루소, 빅토르 위고가 마지막 안식을 누린 프랑스의 불멸의 영웅들을 위한 영묘다. 장례식에서 클레망소 총리 옆 앞줄에 드레퓌스 소령과 그의 아내가 있었다.

장례식이 진행되던 때에 폭력적인 민족주의자이면서 반유대주의 신념을 가신 유명 인론인 루이스 그레고리가 드레퓌스에게 총알 두 발을 쐈다. 다행히도 드레퓌스는 경미한 부상만 입었지만, 1914년 6월 28일에 사라예보에서 세르비아 민족주의자가 합스부르크 왕위 계승자를 암살한 것이 정치계에 중대한 일이었듯이, 이 살인 미

수 사건은 학술계에 중대한 사건이었다. 졸라는 그가 의도한 것처럼 《나는 고발한다》 속 맹렬한 항의로 진실의 대의를 도왔을 뿐만 아니라, 본의 아니게 학술계에 불을 붙였고, 그 불은 오늘날까지도 꺼지지 않고 있다.

6장

졸라의 《나는 고발한다》는 현대적 관련성이 거의 없는 역사적 문서이다. 그가 고발한 죄인들은 오랜 시간이 지나 잊혀졌다. 하지만 그의 기념비적 작품인 《루공마카르 총서》보다도 《나는 고발한다》에서의 여론을 동원한 그의 행동과 용기는 결코 잊혀지지 않을 것이라고 그는 확신했고, 그것은 그가 깨닫지 못한 새로운 현상으로 지식인을 탄생시켰다.

'지식인'이라는 말은 이미 존재했다. 파리에서 자주 시간을 보냈던 러시아 출신의 작가 투르게네프의 작품을 보면 19세기 후반에 이따금 등상한다. 졸라가 《나는 고발한다》라는 모험을 실행한 것에 감명받은 클레망소는 단순히 신문에 글을 게재하는 것 이상으로 나아갔다. 그는 며칠 만에 용기를 낸 작가와 그의 사회 운동을 지지한다는 메시지를 출판하겠다는 기발한 아이디어를 떠올렸다. 1월

14일 금요일에《로로르》는 마르셀 프루스트, 클로드 모네를 비롯한 많은 작가와 예술가, 언론인, 과학자, 학생들이 서명한《지식인들의 선언》을 출판했다.

그 선언문이 출판되면서 에밀 졸라는 사상과 예술, 관념의 세계에서 박식한 사람으로서, 지식인의 화신이자 상징으로 유럽 문화사에 기록될 것이었다. 지식인들은 이런 정신적 유산과 진리와 정의라는 보편적인 도덕적 가치의 보호자이자 수호자로서, 인류와 세계의 운명에 대한 책임감을 느꼈다. 졸라 같은 진정한 지식인은 인간의 명예와 존엄성을 이끌어내는 가치와 지식이 거짓과 권력의 남용으로 밀려나거나 파괴될 위험이 있다면, 목소리를 내고 싸울 용기가 있다.

《지식인들의 선언》이 출판된 지 2주 후에 모리스 바레스는 크레망소와 동료들에게, 특히 에밀 졸라에게 〈지식인들의 항의〉라는 제목의 기사로 응답했다. 그 당시의 바레스는 그가 경멸했던 에밀 졸라보다 훨씬 더 인기가 많고, 영향력 있는 작가였다. 바레스는 졸라가 '쫓겨난 베네치아인'에 지나지 않는다는 배경을 고려하면, 그는 진정한 프랑스인이 아니라고 썼다. 따라서 그는 절대 진정한 프랑스인이 될 수 없는 드레퓌스나 다른 유대인들과 다를 게 없다는 것이다. 프랑스 국가는 선조들이 묻혀 있는 땅인 '땅과 선조들'로 정의되며, 이러한 혈연관계가 없는 사람은 그 누구도 프랑스 국민으로 간

주될 수 없다는 것이다. 민족주의자인 바레스는 열성적인 반유대주의자다.

바레스는 진리와 정의가 문명의 기본 가치라는 생각을 거부했다. 그에게 있어서 그러한 도덕적 가치는 보편적 도덕적 가치의 전체 개념처럼 단순한 '추상'에 불과하며, 세계와 인류에 대한 그가 지닌 관점의 본질, 민중의 필수적인 본능, 그들이 바라보는 사회 질서를 손상시키는 환상이다. 그의 '항의'에서 그가 말하는 '지식인'은 "엘리트주의의 유형으로, 스스로를 민중보다 훨씬 우월하다고 생각하며, 타락한 이성적인 사람에 지나지 않는다. 그들은 주로 민중이 갖는 주요 본능과의 진실된 연관성이 부족한 외국인, 즉 유대인이며, 그들은 본능을 근절하고, 이성 같은 추상적인 것으로 대체하고 싶어 한다. 그들은 민중의 반역자이며, 사회의 무질서 외에는 바라는 게 없다."

사상과 관념, 예술의 세계에 정통한 박식한 작가인 바레스는 자신을 프랑스 민족의 진정한 정체성을 지키고, 수호하는 사람으로 여기며, 프랑스 민중의 운명에 관심이 많고, 반주지주의자의 훌륭한 예가 된 것을 자랑스럽게 생각했다. '졸라 반대자'의 대표로서 그는 자신의 작품을 통해 또 다른 현상인 반주지주의를 탄생시켰고, 그 개념은 지금까지도 강력한 정치적 무기로써 증명되고 있다.

졸라의 시신이 담긴 관이 판테온으로 운반된 날은 드레퓌스를 죽이려 했던 민족주의 반유대주의자 루이 그레고리의 재판 전날로, 모리스 바레스는 가해자를 옹호하는 내용의 기사를 냈다.

"루이 그레고리는 무죄 판결을 받아야 한다. 어떠한 국가적 양심도 같은 양심에 영향을 받은 행동을 비난할 수 없다."

그레고리는 실제로 무죄 판결을 받았다. 클레망소의 지식인들은 중요한 환상을 빼앗겼다. 그들은 드레퓌스 사건에서 승리한 후에 에밀 졸라와 함께한 순간부터 정의와 진실이 승리할 것이라고 진심으로 믿었다. 전진하는 진실…… 정말 놀랍게도 보편적 도덕의 수호와 승리를 위한 싸움은 아직 이겼다고 하기에는 멀었다. 더욱이 주로 그들을 반대하는 이들은 육군 고위 장교, 부패한 정치인, 신경질적인 관료가 아니라 오히려 그들과 같은 작가, 교수, 예술가, 언론인, 변호사처럼 박식하면서 문화적 교양이 있는 사람들이었다.

졸라의 《나는 고발한다》에 이어 클레망소의 선언문과 바레스가 목소리를 낸 것에 대한 반응으로, 관련된 모든 사람의 가장 깊은 곳을 건드려서인지 그 토대인 지적 전투에 불이 붙었고, 이는 폭력적으로 이어질 수밖에 없었다. 토마스 만은 1924년의 소설 《마의 산》의 마지막 부분에 반동파인 나프타와 계몽주의 옹호자인 세템브리니 사이의 결투로 묘사했다. 드레퓌스에 대한 공격의 실패는 20세기 전체를 불태운 현실에서의 폭력이 폭발하는 상징적인 시작이었다. 지금은 그 불이 꺼졌다고는 하지만, 안타깝게도 절대 타협이 불

가능할 세계관 사이의 대결에서 그 불이 다시 타오르기까지 그리
많은 시간이 걸리지는 않을 것이다.

7장

정치적으로 모리스 바레스의 세계관은 극우파 쪽이다. 수수께끼 같은 세계관으로, 조국, 혈통, 국민, 희생과 전쟁의 수수께끼인 것이다. 땅에 뿌리를 내린 것도 아니고, 조상의 혈통과도 관련이 없는 '타자'를 위한 자리는 없다고 하니, 정의를 내리자면 반유럽적이고, 외국인 혐오적이다. 그 세계관 아래 행해진 모든 일이 '국민'의 이름과 더 큰 영광을 위했다지만, 근본적으로 반민주적이고, 권위주의적인 통치다. 그와 똑같은 권위주의적 통치가 '국민'을 다시 위대하게 만들고, 자국민을 최선으로 삼을 것을 약속한다. 그렇기 때문에 보편적인 도덕적 가치는 존재할 수 없는데, 계몽주의는 지적 신기루였고, 전통이 회복되어야 한다는 것이다.

국민은 계몽주의의 지적 추상성으로는 불가능했던 자신의 정체성을 오직 전통을 통해서만 인식할 수 있다. 이런 수수께끼 같은 세계관에서는 기독교가 전파되지만, 어떤 이성이나 계시도 그 빛을 낼 수 없을 정도로 모호함으로 가득 찬 기독교이다. '국민'의 가장 원시적인 집단을 이루려는 본능을 끊임없이 일깨우고, 모든 '엘리트 지식인'을 침묵하게 하려는 비합리적인 세계관이다. 베니토 무솔리니가 1919년 밀라노에서 파시스트 운동을 창시했지만, 프랑스에서 파시즘이 번성할 수 있는 풍부한 비옥한 토양을 발견한 걸 보면 말이다.

유럽, 북미, 남미 전역에서 파시스트 세계관이 부상한 지 100년이 지난 지금, 이런 의견과 정서가 다시 표면화되고 있다는 게 놀랄 일은 아니다. 사라진 적이 없으니까. 교수, 학생, 언론인, 작가, 변호사 등, 이들 중 일부는 이미 정치 권력의 중심에 있음에도 이러한 의견을 제기하고, 이런 정서를 조성하는 주된 집단이라는 것 역시 놀랄 일이 아니다. 파시즘은 기본적으로 지적 현상이다. 무솔리니가 누구도 부인할 수 없는 학식과 언어 지식을 자랑한 것은 아무것도 아니다. 그가 자신이 쓴 책에 자부심을 느낀 것, 피아노를 연주하지 못하는 것에 대한 후회와 그를 따르는 이가 있었으면 하는 마음에서 모든 학문적, 예술적 정수를 승계받기를 바라는 것은 당연하다.

정치직 스펙드럼의 가장 인쪽에는 파시스트 세계관의 반대인 볼셰비즘이 있다. 그것은 지식인을 환영하며, 모든 형태의 반지성주의를 거부하는 이데올로기로, 이성과 과학이 세계를 지배할 것이라고 한다. 그러나 이 세계관에는 현실이 순전히 물질이기 때문에, 초월이나 정신이 들어설 여지가 없다. 현실을 모두 정치적, 경제적, 과학적 현상으로 환원시키기 때문이다.

볼셰비즘에 따르면, 민족 국가는 과거의 유물에 지나지 않는다. 이는 범세계주의적 관념에 기초한 것이 아니라 오직 경제적 차이만이 존재하며, 세계에는 가난하고, 재산을 몰수당한 프롤레타리아 계급과 풍족한 부르주아라는 두 계급만이 있다는 믿음에서 파생된 견해다. 진리와 정의는 존재하지만, 초월이 존재하지 않기 때문에 모든 사람에게 동일한 초월적 도덕적 가치도 존재하지 않는다. 진리와 정의는 정치적으로 결정되는데, 이는 정치적 권력을 가진 사람들이 손에 쥔 도구이며, 모든 사람은 그것에 복종해야 한다. 우리 시대의 요구에 맞게 약간 변형된 이 이데올로기는 동아시아와 중앙아메리카 모두에서 매우 활발하게 유지되고 있으며, 여전히 전 세계의 수많은 자칭 활동가들에게 영향을 주고 있다.

8장

이것은 에밀 졸라나 그와 함께 드레퓌스를 지지했던 지식인들이 쟁취한 진실과 정의가 아니다. 비록 그들 대부분과 특히 졸라는 세속적이고, 불가지론자였으며, 무엇보다도 성직자의 권력에 반대했지만, 그들의 도덕적 가치관은 모세가 십계명을 제시한 혁명까지 거슬러 올라가는 전통에 뿌리를 두고 있다. 사막의 붉은 발가숭이 산 위 우리 과거의 깊은 근원 속에 모세는 계시를 받았는데, 진실과 정의는 결코 국민과 권력자들의 독단적인 의지에 달려 있어서는 안 되며, 모든 개인이 항상, 어디에서나 지켜야 하는 십계명과 함께 인간성을 동물적 본능보다 더 가치 있게 만드는 보편적인 도덕법이 있으며, 모든 피조물은 진실과 정의에의 권리를 누릴 권리가 있다는 것이다. 에밀 졸라의 세계관은 진실과 정의가 추상이나 정치적 도구가 아니라 모든 인간 개인의 존엄성을 높이는 해방의 힘이라는 종교적 인문주의다.

9장

파시스트와 볼셰비키 세계관은 무엇이며, 왜 계속해서 성공하는 것인가? 아마 그 질문에 대한 답은 우리가 먼저 다른 질문을 해 보면 찾을 수 있을 것이다. 왜 졸라는 한 번도 만난 적 없는 사람의 운명을 위해 자신의 자유와 부, 재산을 포기하고, 대중의 분노를 일으키려 했을까?

그런 질문에 대한 답은 언제나 근본적인 사실로, 졸라의 어린 시절 경험에서 찾을 수 있는 연민이다. 젊은 나이에 세상을 떠난 그의 아버지와 비참함과 불의를 많이 겪었던 어머니에 대한 연민.

졸라의 성격을 잘 보여 주는 두 번째 근본적인 사실은, 그는 두려워하지 않는다는 것이다. 그가 신경증으로 유명했던 걸 생각하면 불안을 느끼지 않은 것은 아니지만, 독창적인 디자인을 현실로 만들기 위해 항상 모든 반대를 극복하려 노력한 아버지의 사례와 가난한 과부로 자신에게 가해진 불의에 맞서는 태도를 보였던 어머니의 사례에서 젊은 에밀은 절대 두려워하지 않고, 결코 포기하지 않으며, 결과가 어떻든 자신의 양심을 따르는 용기를 갖도록 배웠다.

10장

연민은 강력한 감정이지만, 사리사욕에 반하거나 경험과 교육을 통해 올바르게 자라지 못하면, 뒷전이 될 수도, 극히 드물어질 수도 있다. 우리 자신을 넘어서는 능력인 용기 역시 마찬가지다. 파시즘과 볼셰비즘은 오늘날 어떤 형태로 나타나든지에 상관없이, 두려움은 있지만, 연민은 없는 사람들이 받아들이는 세계관이다. 이것은 권력과 순응에 대한 갈망을 설명하는 데 도움이 된다.

이러한 이념들이 다시 인기를 끄는 것은 진실과 정의가 보편적인 영적 가치이자 해방의 힘으로, 모든 사람에게 필요한 인문주의 영적 교육을 제공하는 문명의 이상이 인간의 영혼에 영구적으로 존재하는 사악한 힘을 무찌르는 것이 어렵다는 걸 보여 준다. 그러므로 두려워하지 않고, 용기와 연민을 가지며, 침묵을 깨고자 하는 사람들의 영혼으로부터의 외침이 부단히 필요하다. 모두 에밀 졸라의 《나는 고발한다》의 메아리인 것이다.

"(드레퓌스 사건의) 군인과 성직자 같은 겁쟁이, 위선자, 아첨꾼은
한 해에도 100만 명씩 태어난다. 그러나
잔다르크나 에밀 졸라 같은 인물이 태어나는 데에는 5세기가 걸린다."

Les lâches, les hypocrites et les flatteurs comme les soldats et le clergé
(de l'affaire Dreyfus) naissent un million de fois par an ; mais il faut cinq
siecles pour que naisse un homme comme jeanne d'Arc ou Emile Zola.

homme

人間

m

art

de frie kunster

homme

人間

hc

art
die Kunst

de frie kunster

kc

homme

人間

homem

art
die Kunst

de frie kunster

konst

homme

human

hombre

homem

die Kunst

藝術

sztuki

human

hombre

menneske

arte

sztuki

human

bre

menneske

arte

sztuki

human

네 번째
고찰

불안과 뮤즈

Becoming Human Is an Art

1장

죽어가는 작가의 침대 옆 방석 위에 앉아 그의 손을 잡은 옐레나는, 얼음처럼 푸른 밤에 뜬 별 몇 개를 알아볼 수 있었다. 그녀는 이유를 알 수 없지만, 별을 보고서 영원한 무언가, 불멸의 무엇인가가 존재한다는 사실을 안다는 것이 어딘지 안심이 되었다.

목재로 된 침대 옆 탁자 위의 희미한 등불이 그의 창백하고 수척한 얼굴 위로 떨어진다. 마치 그의 심장이 패배를 피할 수 없는 장렬한 전투를 벌이는 것처럼 그의 호흡은 불안하다. 남은 시간이 없다. 지금 그는 자고 있지만, 다시 정신이 들면 사랑이 가득한 눈으로 그녀를 바라볼 것이고, 그것이 그녀를 눈물짓게 할 것이다. 그는 더 이상 말을 할 수 없다. 그럴 필요가 없다. 그의 눈길만으로 충분하다. 눈길로 그녀가 아주 오래전에 그에게 한 약속을 지켜주어 감사하다고 말한다.

겨우 열여섯 살 때 그의 아버지는 끔찍한 신장 질환으로 세상을 떠났고, 그 역시 그런 운명을 따를 것이라는 걸 그는 평생 알고 있었다. 결혼과 동시에 그녀에게 말했다.

"내가 당신 품에서 떠날 수 있게 약속해 줘. 난 절대 병원에 가고 싶지 않아."

그게 8년 전이었다. 옐레나는 그 후로 의사와 병원을 조심하라며 그가 여러 번 충고했던 것을 회상하며 미소를 지었다. 그 역시 작가라는 진정한 소명에 응할 용기가 생기기 전까지는 한때 의사였으며, 병원에서 일했다. 아마 그래서 의료계를 싫어하는 것일지 모른다. 그는 뛰어난 의사도 아니었고, 그 시절이 인생 최고의 시간도 아니었다. 마침내 글쓰기에 전념하기로 결심한 후에 그의 삶이 훨씬 더 쉬워진 것도 아니다. 절대 아니다! 오히려 반대였다. 그는 항상 그녀를 설득하려고 했다.

"사랑하는 옐레나, 하지만 쉽고, 진정한 의미도 없이 공허하고, 위험 없는 삶보다 의미 있지만, 어려운 삶이 더 나아. 그건 죽은 영혼의 삶이니, 당신 스스로 그걸 바라게 되면 안 돼."

자정이었다. 그녀는 1940년 3월 10일 일요일의 시작을 알리는 종소리를 들었다. 갑자기 친구인 안나 아흐마토바가 친구인 시인 오시프 만델스탐에게 다녀온 후 썼던 구슬픈 구절이 생각났는데, 시인은 스탈린에 의해 노동 수용소로 추방되어 그곳에서 죽을 것이었다.

추방된 시인의 방 안에서

불안과 뮤즈는 번갈아 가며 시계를 본다.

그리고 밤이 온다,

해가 뜨지 않는 시간에.

그의 눈은 감겨 있었고, 아마 완전히 의식을 차리지는 못했지만, 그가 부드럽게 손을 쥐는 걸 그녀는 분명히 느꼈다. 한 번, 두번…… 그녀는 그의 손을 몇 번 세게 눌렀고, 그의 지친 얼굴에 잠시 부드러운 미소가 스쳐 가는 것을 보았다. 그가 안심한 것이다. 그녀는 침묵으로 다른 약속도 지키겠다고 그에게 전했다. 그의 명료한 정신이 허락한 선에서 그녀에게 말로 알려 준 소설의 모든 수정 사항을 꼼꼼하게 기록한 두꺼운 공책이 아직 그녀의 무릎 위에 있었다. 아, 그렇다. 그녀는 그의 가장 큰 두려움을 안다. 이 소설을 독자들이 읽을 수 없을 것이라는 두려움. 스탈린과 그 부하들은 그가 다른 작품을 출판하는 걸 금지했다. 그녀는 손을 꼭 잡고 말했다.

"사랑하는 남편, 두려워하지 마. 무슨 일이 있든 이 작품은 내가 지킬 거고, 당신이 말한 수정 사항과 추가 내용도 내가 넣을게. 그리고 당신이 쓴 것, 당신이 인류에게 주려는 것을 온 세상이 읽을 수 있을 때까지 쉬지 않을게."

10년 전, 두 사람이 서로를 사랑했지만, 각자 가정이 있었을 때, 그는 쓰고 있던 소설의 첫 몇 장을 그녀에게 보여 줬다. 그녀는 그때도 그 소설이 걸작이 될 것이라고 생각했다. 수정 작업 외의 작업은 모두 끝났고, 그녀는 작품이 오랜 세월이 지나도 건재할 것이라는 자부심으로 가득했다. 이곳은 암흑 같은 세상이지만, 이 소설은 영원히 빛을 내는 불멸의 별과 같을 것이라고.

최근에 그는 그녀에게 마지막 장을 읽어 주었고, 그녀는 이 작품에 담긴 힘과 용기를 주는 비밀스럽고, 무궁무진한 생명력을 영혼 깊은 곳에서도 느꼈다. 이것이 모든 진정한 예술의 비밀이다. 우리의 마음을 움직이고, 우리 마음 안에 들어와 변화를 준다. 사랑도 마찬가지다. 정말이다. 이 소설은 지옥과 천국, 악마의 행위, 사소함의 악과 고결함의 덧없음, 계시와 불신, 진실에 충실한 예술가와 거짓에 헌신하는 예술적이고, 지적인 평민 사이의 이야기들을 다룬 20세기의《신곡》이다. 하지만 무엇보다도 연민과 사랑이 내는 구원의 힘을 계속해서 믿는 용기에 관한 이야기다. 그녀의 믿음, 충성심, 그에 대한 사랑까지. 그가 쓴 것은 작가와 그의 뮤즈에 관한 두 사람의 사랑 이야기다.

손수건으로 그의 얼굴에 맺힌 땀방울을 닦아 주다가 옐레나는 '사랑이란 무엇인가?'라는 침묵 속의 질문이 떠올랐다. 나는 왜 이 작가와 함께하기 위해서 좋은 남자였던 남편과 큰 집에서의 편안한 삶을 떠났을까? 그 결혼 생활은 특별한 건 없었지만, 나쁘지도 않았다. 우리가 만나기 전까지는. 번개에 맞기라도 한 듯, 그와 나는 서로에게 사랑에 빠졌다. 그 후 1년간 우리는 서로를 피했다. 우연히 길에서 만나기 전까지는 말이다. 나는 꽃을 사러 시장에 다녀온 참이었다. 그가 나를 보고 말했다. "난 당신 없이 못 살아!" 나도 진심으로 이렇게 답할 수밖에 없었다. "나도 안 되겠어!" 우리는 이미 각자 가정이 있었다. 일주일 후에 각자의 배우자와 이혼했고, 우리는 다음 날에 결혼했다. 사랑은 이성, 관습, 천생연분이라는 관례를 넘어서서 아는 것이다. 그의 뮤즈가 되는 것이 나의 운명이었다. 그렇게 될 것이었다. 나의 사랑이 없었다면 그는 결코 불안을 극복하지 못했을 것이고, 그 불안으로 인해 그는 작품을 난로에 태워 버렸을 것이다.

그렇게 해서 나는 뮤즈로서 그의 옆에 앉아 있다. 아흐마토바의 시에서처럼 며칠을 있으며 지켜봤다. 해가 뜨지 않는 밤이었다. 곧 죽을 내 남편을 위해서가 아니었다. 다시 전쟁터가 된 유럽을 위해서가 아니었다. 사악한 스탈린의 손아귀에 있는 나의 불쌍한 조국을 위해서도 아니다. 그의 소설 속 우리의 도시인 모스크바도 악의 손아귀에 있지만, 그건 아주 다른 성서 속의 악이다. 로마 역사가 타키투스가 쓴 연대기의 내용 속 나사렛 예수가 존재했다는 것이 역사적 사실임을 알 수 있는 이유다. 우리의 악은 바로 그 자리에 있었다. 십자가에 못 박힐 때 본디오 빌라도와 함께였다. 그는 모든 걸 보았다. 그렇게 이야기가 시작되는데…… 정말 어떻게 될지 모르겠지만, 이 책은 출판될 것이다! 하지만 언제? 미래의 독자 중 이 책을 쓴 것이 그이인 걸 누가 알까? 나 말고 누가 알겠는가? 14세기에 페트라르카가 그랬듯이 '후대에게 보내는 편지'를 써서 독자들이 누가 내 남편인지, 우리가 겪는 두려움과 왜 그가 일생을 이 책에 바쳤는지 알려야 하지 않을까?

또 한 번 침묵 속에서 교회의 종이 울렸지만, 옐레나는 그 종소리를 더 이상 들을 수 없었다. 지친 그녀가 졸다 곧 깊은 잠에 빠졌으니. 꿈을 꾸었다. 그의 서재에 있는 그녀는 한때 그의 아버지가 소장했던 마호가니 책상에 앉아 있었다. 책상 위에는 녹색의 탁상용 스탠드와 파리에서 만들어진 오래된 구리 시계, 은색 장식이 달린 유리 잉크통 옆의 만년필, 그리고 항상 그녀의 사진이 담겨 있었고, 지금은 그의 사진이 담긴 나무 액자가 있었다. 그녀는 글을 썼다. 편지였다.

2장

친애하는 독자에게,

죽어가는 작가는 곧 이 세상을 떠날 듯하고, 그의 사랑하는 뮤즈는 그의 침대 옆에 지친 머리를 기댄 채 잠들었으며, 그녀의 손은 여전히 그의 손을 다정하게 잡고 있습니다. 지금이 침실을 나가 우리 뒤의 문을 살며시 닫고, 과거에서 현재로 돌아오기에 좋은 순간이군요. 두 연인과 그들의 책으로 돌아가는 게 얼마나 쉬운지 아시나요? 문을 열고 들어가기만 하면 되거든요. 하지만 그럴 필요가 있을까요? 우리는 최근에 새로운 미지의 시대를 시작했으며, 이 책이 출판됐다면 다른 시대의 책이라는 건 둘째 치고, 귀중한 시간을 편지에다 쓰는 게 무슨 의미가 있을까요? 그것은 역사고, 끝이 난 것이며, 우리는 역사는 반복되지 않는다고 배웠잖아요. 뮤즈가 글로 알리려고 하는 책은 1940년에 모스크바에서 완성된 것 같은데, 당시는 전체주의 스탈린주의가 소련에서 최고 권력을 장악하고, 제2차 세계대전이 유럽을 황폐화하기 시작한 시기였습니다. 20세기의 가장 암울했던 시기로, 이렇게 말하는 게 맞는다면, 시인 W.H. 오든이 1947년에 '불안의 시대'로 명명했죠. 시대는 날짜가 아니라 사건에 의해 정해지니까요.

불안의 시대인 20세기는 1914년 7월에 제1차 세계대전의 발발로 시작되어 1989년 11월 동유럽의 공산주의 정권이 붕괴되면서 끝났습니다. 2008년 금융 위기 이후 조용하고, 서구 사회에서는 20년을 편안하게 보냈지만, 새로운 불안의 징후는 느리지만, 의심의 여지 없이 모든 곳에서 나타났습니다. 경제적 빈곤과 불안정, 지배 계층인 엘리트에 대한 불신, 과학적 사실에 대한 부정, 재앙과도 같은 기후 변화에 대한 급작스러운 인식, 민주주의의 쇠퇴와 권위주의적 선동가의 등장, 테러에 대한 두려움까지 이 모든 현상은 새로운 불안의 시대의 시작을 가리킵니다. 역사가들의 관점에서는 우리가 사는 21세기라는 시대의 시작을 세계보건기구에서 전염병이 퍼지고 있다고 결론을 내린 2020년 3월로 봅니다. 전 세계 사람들은 눈에 보이지도 않지만, 엄청난 전염성의 누구나 쓰러뜨릴 수 있는 치명적인 적에 죽음의 공포를 느꼈어요. 의학적으로는 SARS-CoV-2로 알려졌고, 전 세계적으로는 코로나 19로 알려진 것이죠.

21세기는 새로운 불안의 시대일까요? 그렇지만 역사가 반복되지 않는 것은 확실하군요. 새로운 과학적 통찰력, 놀라운 기술의 진보, 무수한 사회 발전의 끊임없는 흐름 속 계속해서 변하는 데 불안이라니요?

그건 맞지만, 우리 스스로 만들어 낸 기억상실로 인해 역사를 잊은 게 아니라면, 우리 삶을 형성하는 데 가장 큰 영향을 미치는 인간의 본성과 정신에는 본질적인 변화가 없었다는 걸 알 것입니다. 그러므로 역사는 같지만, 다르게 반복될 수 있어요. 로마의 역사가들이 한숨을 쉬며 '같지만 다르게'라고 쓴 것처럼요.

우리 시대의 미래는 어떻게 될까요? 팬데믹이 끝나면 단결된 민족으로서 피해를 복구하기 위한 공동의 노력, 전 세계적인 재건이 있을까요? 그럴지도 모르지만, 그건 기적에 가깝습니다. 코로나 19로 인한 사회적, 경제적 황폐가 종말론적인 용어로 일컬어지는 것은 당연한 일입니다. '아포칼립스'는 계시를 뜻하는 그리스어 단어로, 무언가가 드러난다는 것인데, 보고 싶지 않거나, 볼 수 없었던 것을 보게 된다는 것이죠.

팬데믹이 무엇을 드러내 보였나요? 20세기 후반에 확실하다고 여겨졌던 많은 것들이 가짜로 판명되었습니다. 미국이 약속의 땅인가요? 행복한 소수만이 그렇겠죠. 팍스 아메리카나? 그건 영원히 끝났어요. 역사의 종말과 자유민주주의의 미래? 신문을 읽어 보시죠. 사람들 대부분이 좋은 사람일까요? 일이 잘 진행된다면 물론 그렇겠지만, 그렇지 않으면 어떤 악행도 저지를 수 있습니다. 가치 공동체로서의 유럽연합? 실제로는 경제적 이익 집단을 위한 슬로건이며, 그 어느 때보다 취약해져 있어요. 우리의 새로운 불안의 시대는 짧지만 강렬할 수도 있고, 잘 알려진 기아, 빈곤, 폭력이라는 잘 알려진 세 가지 재앙의 형태로 길면서도 강렬할 수도 있습니다.

역사는 우리가 최소한 한 가지의 교훈을 얻을 때까지 계속 반복됩니다. 절대 잊지 말라는 것이죠.

팬데믹에 사로잡혀 바이러스가 추가로 확산되는 걸 막기 위해 자발적으로 집에 틀어박혀 있는 상황에서, 우리가 인간의 행복에 매우 중요한 예술, 문학, 시, 명상, 심지어 철학에 대한 신성한 찬양을 얼마나 자주 읽고, 듣는지 놀랍습니다. 이 모든 걸 정말 향냄새가 날 정도로 신성시하며 찬양한다니까요. 동시에 지금 우리가 듣고, 읽는 건 어딘가 이상한 것이, 미디어에서는 경제와 스포츠에 관한 기사를 더 선호해서 수년 동안 책의 서평 페이지, 문화 보충 자료, 문화 프로그램을 줄이거나 완전히 제거하는 데다, 최근까지 뻔뻔하게 문학 학위를 폐지한다고 하면서 인공지능과 스타트업의 장점에 대해서만 흥분해서 이야기하는 정치인과 관리자들의 입에서 실제로 그런 말이 나오니 말이죠. 이제는 현대의 돈, 과학, 기술의 삼위일체 신봉자들조차도 여러분이 반드시 읽어야 할 책과 시에 대해 소리 맞추어 찬미하려 합니다.

우리는 이런 현명한 통찰력이 늘 그렇듯이 향처럼 일시적인 것이 아니기를 바랄 뿐입니다. 역사의 교훈을 배워 역사가 계속 반복되는 걸 막고 싶다면, 피할 수 없는 첫 번째 단계는 삶에 대한 태도의 변화입니다.

두 번째 단계는 꼭 필요하기에 덜 중요하다고 여겨지는데, 우리가 무엇을 읽어야 하고, 어떤 작품을 우리 것으로 만들어야 하는지 아는 것이죠. 반이상향적 시대에 주로 반이상향적인 책을 읽거나, 반이상향적인 영화를 보는 것은 인정받는 즐거움을 주지만, 우리가 알지 못했던 것을 많이 가르쳐 주지는 않습니다. 전염병, 콜레라, 코로나 19의 시대에 보카치오가 쓴 《데카메론》의 여전히 훌륭하고, 종종 재미도 있으며, 때때로 위로가 되는 수백 가지 이야기를 통해 아무나 흉내 낼 수 없는 방식으로 전하는 느긋함을 찾는 것은 안타깝게도 우리가 이 새로운 시대에서 불안을 떨칠 수 있게 하는 교훈을 가르쳐 주지 않아요. 그러기 위해 우리에게 필요한 책은 카프카가 1904년 1월 27일에 그의 친구인 오스카 폴락에서 보낸 아주 아름답게 표현한 편지가 딱일 겁니다.

> 우리가 읽고 있는 책이 머리를 한 대 맞는 것처럼 우리를 일깨우지 못한다면, 그것을 읽는 이유는 무엇인가? 글을 쓰는 동안 행복하려고? 맙소사, 책이 없어도 행복할 것이며, 행복을 느끼게 하는 책이 필요하냐면, 그건 우리 자신이 쓰는 책일 것이다. 하지만 재난처럼 우리에게 영향을 미치고, 우리 자신보다 더 사랑했던 누군가의 죽음처럼 우리를 깊은 슬픔에 빠지게 하는 책, 모든 사람에게서 멀

리 떨어진 숲으로 추방된 것 같은 책, 자살 같은 책이 우리에게 필요한 책이다. 책은 우리 안의 얼어붙은 바다를 깨는 도끼가 되어야 한다. 그것이 내가 믿는 바다.

우리 안의 얼어붙은 바다를 깨는 도끼 같은 책. 마음을 느긋하게 해 주는 문학은 그런 책이 아니지만, 어쩔 수 없습니다. 책과 다른 예술 작품만이 우리가 보고 싶지 않은 것들을 거울처럼 보여 주고, 우리가 답할 수 없는 모든 중요한 질문에 직면하게 하며, 우리가 잊고 있던 통찰력과 지혜를 일깨워 주고, 우리 삶의 책을 읽도록 가르치고, 정확히 진실을 말함으로써 우리에게 격려와 위로를 건네는데, 그것만으로 우리는 더 나은 모습으로 돌아갈 수 있으며, 그렇게 역사의 흐름을 바꿀 수 있습니다.

뮤즈가 카프카의 편지를 읽을 수 있었는지는 잘 모르겠군요. 아마 그렇지는 않았겠지만, 그녀가 읽었다면 그 편지에서 그녀가 쓰고자 했던 편지에 대한 부가적인 타당한 이유를 발견했을 것입니다. 그녀의 작가 남편이 쓴 소설은 우리 내면의 무지, 경솔함, 편견, 분별력 부족이라는 얼어붙은 바다를 도끼처럼 단번에 깨는 책 중 하나니까요.

하지만 이제 죽어가는 작가와 뮤즈의 침실로 조용히 돌아갈 시간이 되었습니다. 그녀는 아직 자고 있네요. 그녀가 깨어나면 꿈에서도 깨어날 것이고, 그들의 시대와 미하일 불가코프의 삶과 그녀에 대한 사랑이 표현으로 그가 『거장과 마르가리타』라는 제목을 붙인

소설에 대해 그녀가 쓰고 있던 긴 편지에 무슨 내용이 들어 있는지
알 기회도 끝날 테죠.

3장

친애하는 독자에게,

제 사랑하는 남편인 미샤이자 작가인 미하일 불가코프의 뛰어난 작품 《거장과 마르가리타》에 관심을 가져달라고 말할 수 있기를 진심으로 바랍니다. 그는 이 세상을 떠났으며, 여러분이 이 글을 읽을 때쯤이면 저, 옐레나 세르게예프나 불가코프도 아마 이 세상에 없을 거예요. 그렇지 않은 이상…… 그러니까 제가 하려는 말은요. 미샤는 우리 두 사람과 우리의 사랑, 우리 삶의 많은 부분을 그의 소설에 담아 영원을 부여했는데, 여러분이 이 소설을 읽는 한 우리 두 사람 모두 여러분의 상상 속에 계속 살게 되겠죠. 하지만 그것이 이 편지를 쓰는 이유는 아닙니다. 우리 둘을 위해 그의 책을 읽으라고 요청하는 거라고 여기지 말아 주세요. 이 책은 그가 친애하는 독자 여러분을 위해 쓴 것이며, 모든 예술은 예술가가 인류에게 주는 선물이듯, 그는 모든 인류를 위해 이 책을 썼습니다. 모든 예술가, 모든 진정한 예술가라며 '진정한'을 강조하는 것은 나의 미샤가 스스로를 작가나 예술가로 칭하는 평민들의 비겁함과 악의로 인해 너무 많은 고통을 겪었기 때문이에요. 모든 진정한 예술가는 진실을 밝히고, 의미를 알리며, 격려하고, 기쁨과 지혜, 필요하다면《거장과 마르가리타》에서처럼 어떤 시대에서도 나타날 수 있는 재난에 대해 경고하기도 합니다.

그가 제시한 훌륭한 예시인 고골처럼, 미샤는 겉으로는 있을 법하지 않고, 초현실적이며, 일상적인 인물과는 거리가 먼 분류의 인물로 가득한 이야기를 들려주는데, 여기에는 흑마법으로 모스크바의 주민들을 무서움에 떨게 한 악마와 그 부하들 이야기, 정신병원의 작가가 공식적인 국가의 가르침을 위반하면서 십자가에 못 박힌 예수에 대한 현실적인 이야기를 대담하게 말한 이유로 지역 지식인에 의해 마녀사냥을 당한 이후 불안 발작에 시달리는 이야기가 있죠. 다음으로는 본디오 빌라도를 만나며, 마녀로 변해 빗자루를 타고 공중을 날아다니는 여인을 만납니다. 시대를 초월한 의미가 있는 기이하고, 재미있으며, 감동적인 이야기들이요. 그것이 제가 여러분에게 편지를 쓰는 이유입니다.

미샤는 1940년 3월 10일, 사망하기 직전에 소설을 완성했어요.

지금을 살고 있지 않는 행운이 따르는 사람 누구에게든 상상할 수 없을 정도로 암울한 시기였어요. 친애하는 독자 여러분, 그렇지만 그가 마지막 줄을 쓴 지 40년, 80년, 100년이 지난 후의 세상은 여러분에게 어떤 모습일까요? 어떤 세계관을 갖고 살아가겠어요? 어떤 지식을 갖게 될까요? 우리의 시대와 우리의 쓰라린 경험에 대해 여러분은 무엇을 알 수 있을까요?

저는 예술 작품이 사람과 다를 게 없다고 믿습니다. 상대방의 인생 이야기를 먼저 알아야만 그 상대방, 친구, 심지어 연인까지도 진정으로 알고, 이해할 수 있어요. 그렇다면 여러분은 마음으로 하는 침묵의 언어를 이해해야 할 겁니다. 마음이 잘 맞지 않고서는 절대 불가능할 테죠. 예술과 다를 것이 없습니다. 먼저 창조자와 창조물의 삶의 이야기를 최대한 잘 알아보세요. 더 잘 알수록 당신의 영혼은 수 세기에 걸친 시간을 지나 우리에게 전하는 더 깊은 의미를 더잘 헤아릴 수 있을 겁니다. 그러나 예술에 있어서도 마음이 맞지 않으면 결코 불가능할 겁니다.

이제 몇 주 후면 부활절이겠군요. 이곳 모스크바에서는 요한 제바스티안 바흐의 〈마태 수난곡〉이 다시 한번 연주될 예정입니다. 여러분은 그 곡이 '최고로 아름다운 음악'이라는 반응을 다시 듣게 될 것입니다. 그러나 예수의 수난에 대한 위대한 음악적 환기가 '아름다운 음악'에 지나지 않는다면 순수한 미학 외에는 아무것도 남지 않으며, 작품의 의미는 바래지고, 질 낮은 예술이 되겠죠.

하지만 저는 동의하지 않아요. 미샤의 삶 마지막 8년 동안 저는 기쁨과 슬픔, 그의 소설 작업을 함께 나누었습니다. 그의 인생 이야기와 작품에 대해 내가 아는 걸 말해 줄 수 있어요. 여러분이 그 책을 읽으면 그의 마음에 공감할 겁니다.

미샤와 그의 작품을 제대로 이해하려면 가장 중요한 건 이것 같아요. 서른 살까지 의사였던 그는 일생을 글쓰기에 바치기로 결심했지만, 우리 사회를 황폐화시킨 바이러스에 대해 그가 가진 면역력은 어떤 의학적 치료의 형태가 아니라 그가 받은 가정 교육 덕분이었죠.

과거 러시아에서 콜레라 발병은 드문 게 아니었어요. 그럼에도 수많은 이들이 매번 질병으로 목숨을 잃었지만, 이 지옥 같은 바이러스로 인한 파괴적인 대폭풍에 비하면 그건 봄의 소나기 같은 것이죠. 왜 우리는 이곳에 그 바이러스가 존재한다는 걸 그토록 오래 인정하려 하지 않았을까요? 왜 우리는 그것이 무언인지 보려고 하지 않았죠? 이제는 사회 전체가 감염됐습니다.

어쩌다 그렇게 됐을까요?

1917년 10월에 레닌과 트로츠키가 이끌던 볼셰비키당이 러시아의 권력을 장악했던 걸 알 겁니다. 그들은 억압, 노예 제도, 미신, 무지, 농촌 빈곤에 생존을 의존하며 수백 년을 이어 온 차르 정권을 종식시켰어요. 그들의 승리는 '프롤레타리아 계급의 자유를 위한 승리'로 선포되었죠. 마침내 트로츠키가 우리에게 말했고, 저는 그의 말을 한마디씩 인용하려고 합니다.

"인간은 비교 불가능할 정도로 강해지고, 이해력이 올라가며, 영리해질 것이다. 평균적인 인간의 유형은 아리스토텔레스, 괴테, 마르크스의 수준까지 올라갈 것이다."

다름 아닌 새로운 인간과 지상 낙원이 우리에게 약속된 것입니다. 그 약속은 믿음을 얻었어요. 그런 믿음을 위해 또한 우리는 '역사적 패턴'이 있다는 생각, 오직 볼셰비키당만이 그것을 알고 있다는 생각, 당은 인민의 이름으로 인민을 대신하여 투쟁할 것이라는 생각을 믿어야 했고, 곧 순종해야 했습니다. 따라서 지상 낙원을 위한 투쟁을 위해서는 민주적 자유가 있을 수 없으며, 당의 권력이나 당이 선포하는 진리에 의문을 제기하는 사람은 누구든 재교육을 받거나, 신속히 제거되어야 하죠.

레닌이 죽었습니다. 트로츠키는 추방되었고요. 스탈린이 당을 이끌었고, 불안이 군림했습니다. 스탈린은 공포로 통치했어요. 그 누구도 목숨이 안전하다고 느끼지 못했답니다. 그의 아첨꾼 패거리에 속한 사람들도요. 우리는 얼마나 많은 사람들이 시베리아 노동 수용소로 끌려가 그곳에서 노동하다가 죽임을 당했는지, 최근의 공개 재판으로 처형되었는지 그 수를 셀 수 없을 정도가 됐습니다. 모든 걸 검열한 탓에 신뢰할 수 있는 정보가 거의 없었지만, 우크라이

나에서 스탈린이 행한 터무니없는 경제 계획으로 백만 명, 아마 그보다 더 많은 사람이 기아로 사망했다는 소문도 있었어요.

나는 이 모든 일이 가능했던 것은 이미 바이러스가 사람들에게 더는 저항할 용기를 못 갖도록 파괴적인 정신적 손상을 초래했기 때문이라고 확신합니다.

볼셰비키 덕분에 천상의 시대가 도래할 것이라는 믿음이 여전히 널리 퍼져 있었을 때, 미샤는 볼셰비키가 실제로는 무엇을 초래할지, 그리고 그들이 최대한 많은 이들을 감염시키려고 하는 바이러스가 허무주의라는 바이러스임을 아는 몇 안 되는 사람 중 한 명이었습니다. 지난 세기에 우리는 이성의 목소리에 의존하고는 했고, 모든 사람은 보편적인 인간 존엄성의 표현으로서 도덕적, 정신적 가치의 존재를 잘 알고 있었습니다. 레닌이 몇 년 전에 선언했듯이, 보편적인 도덕은 없습니다. 선과 악은 무엇이 당에 유용한지에 따라 결정되는 것이죠. 스탈린에 의해서요.

우리 존재의 도덕적 토대가 파괴되면서 통제가 사라졌고, 모든 동물적 본능이 속박에서 풀려나 사람들 사이에 퍼졌습니다. 이런 잔혹 행위가 합법화되고, 미화된 살인 행위가 시작되었으며, 그것이 멈추지 않고 계속된 탓이었어요. 또다시 그 바이러스 때문에 거짓이 힘이 우위를 집았는데, 진실은 존재해서는 안 되니까요. 새로운 이데올로기의 공허한 말이 인간 양심과 진리에 대한 지식의 자리를 차지했어요. 모든 사람은 군중 속에서 이런 거짓을 노래해야 했죠. 미샤의 친구인 보리스 파스테르나크의 사촌, 올가 프라이덴버그는 상황을 적절하게 묘사했습니다.

어디를 보든, 우리의 모든 제도와 가정에서 스클로카가 태동하고 있었다. 스클로카는 우리 사회 질서 속에서 탄생한 현상으로, 문명 세계의 어떤 언어로도 번역할 수 없는, 완전히 새로운 용어이자 개념이다. 정의하기가 어렵다. 토대, 사소한 적대감, 아무것도 아닌 음모를 키우는 비양심적인 악의, 한 파벌의 다른 파벌에 대한 악의적인 싸움을 의미하는 것이다. 그것은 중상, 정보 제공, 염탐, 계략, 모략, 비열하고 야비한 욕정에 불붙이기 같은 걸 통해 자라난다. 팽팽한 신경과 흔들리는 도덕성은 한 개인이나 집단이 다른 개인이나 집단을 광적으로 증오하게 만든다. 선동으로 인해 서로를 공격하게 된 사람, 절망에 휩싸여 야수로 변한 사람, 벽에 내몰린 사람들에게 스클로카는 자연스러운 것이다. 스클로카는 우리 정치에 있어 시작이자 끝이다. 스클로카는 우리의 질서다.

스클로카에 대해 덧붙이자면, 우리 시대, 현대의 지식인, 즉 청교도로 개종한 지식인을 대표합니다. 오늘날의 지식인은 진리 탐구, 의심을 인지하고 의견을 경청하는 능력, 다른 생각을 이해하는 능력, 도덕적 인식을 갖는 것, 영적 가치와 전통에 대한 지식을 배양하는 것과 같은 지적 추구의 능력을 갖추지 못했을 뿐만 아니라 부끄러운 줄 모르게도 그것을 조롱하고, 계속해서 배양하는 이들을 경멸하고, 박해합니다. 청교도인들은 선과 악에 관한 생각이 완고한 최악의 광신도들이며, 이 시대를 사는 그들은 오직 순전한 스탈린의 가르침과 그 세뇌에 일생을 바치고 있죠. 예술가는 평민이 되었습니다. 예술은 인민에 의한, 인민을 위한 프롤레타리아 계급의 것이어야 한다는 겁니다. 모든 '예술'은 더 높은 현실을 가리키는, 어떤 상상도 없이 현실적이고, 혹은 순수한 선전이어야 한다는 것이죠.

미샤는 지식인들의 미움을 샀어요. 그는 자신의 영혼을 악마에게 팔지 않았고, 정신적 자유와 진실, 상상의 힘에 항상 충실했거든요. 다행히도 그는 혼자가 아니었습니다. 우리 시대의 가장 위대한 시인인 아흐마토바, 만델스탐, 파스테르나크 역시 용기 있는 이들로, 청교도와 평민들이 그들의 작품을 불태우고, 출판을 허용하지 않는 것에 굴하지 않았어요. 미샤의 작품을 포함해 그들의 작품은 금지될 정도까지 억압이 이어졌습니다. 그들의 운명은 그렇게 도덕적 괴짜가 되는 것이었죠. 미샤는 그 점을 분명히 해, 적들이 그를 미워할 더 많은 이유를 줬어요. 동시에 가난과 굶주림이 우리에게 닥쳤습니다. 미샤는 스탈린에게 편지를 보내 작가가 작품을 출판하는 것이 허용되지 않으면 소련에서 그가 설 자리는 없는 것 같다고 말하며, 스탈린에게 해외로 나갈 수 있도록 허락해 달라고 요청했습니다. 물론 그런 허락은 없었어요. 솔직히 허락 받지 못한 것이 기쁜 건, 그렇지 않았다면 그는 결코 내 삶에 들어오지 않았을 것이고,《거장과 마르가리타》를 쓸 수도 없었을 테니까요. 친애하는 독자 여러분, 그럼에도 저는 동의하지 않아요. 이해해 주세요.

작년에 미샤가 병에 걸렸을 때, 보리스 파스테르나크가 자주 찾아왔습니다. 미샤가 자신의 소설 일부를 읽으니, 보리야는 감명을 받았어요. 시인인 그는 이제 소설을 쓸 생각이라고 말했습니다. 중심인물은 의사로 결정했고요. 제가 보기에는 충분히 이해가 되는 선택이에요. 예술이 치유할 수 있다면, 예술가는 의사이니까요. 보리야가 매우 설득력 있게 그의 생각을 표현한 논평은, 미샤에게 큰 영향을 줬습니다. 나는 재빨리 그걸 노트에 적었죠.

첫 번째는 "예술의 본질은 대상이나 형태가 아니라 그 안에 있는 탐구된 진실, 내용의 신비로움과 숨겨진 부분에 있다."는 것이었습니다. "영혼말이군요."라고 미샤가 말하자, "바로 그거예요."라고 보리야가 답했어요.

그의 두 번째 논평은 "예술에는 두 가지의 사라지지 않는 선입견이 있습니다. 항상 죽음을 되새기고, 삶을 창조하는 것이요. 이것이 《요한계시록》이라고 불리는 예술 작품이든, 여러 시대에 걸쳐 완성된 작품이든, 모두 위대하고, 진정한 예술인 것입니다."

미샤는 아무 말도 하지 않고 고개만 끄덕였고, 그가 보리야의 말을 들으며 즐거움에 눈이 반짝이는 게 보였어요. 그가 자신도 모르게 《거장과 마르가리타》에 관해 아주 중요한 말을 했거든요.

여러분은 '좋은 구절'이라고 생각할 겁니다. 좋은 말은 맞지만, 두

가지 모두 훌륭하고, 사실이에요. 허무주의 바이러스가 정신적 마비를 일으키고, 사람들을 걸어 다니는 죽은 영혼으로 만드는 동안, 우리는 그 멍청한 바이러스에 대한 해독제로서 이 시인들의 작품을 마음으로 외워 봅니다. 청교도인과 평민이 그저 계속 줄줄 외는 영혼 없는 철학의 무의미하고 공허한 말과는 대조적으로, 이 시의 모든 말에는 의미가 담겨 있습니다. 어떤 시든 우리 존재의 한 조각이며, 그 누구도 끌 수 없는 불꽃입니다. 각각의 시는 하나의 계시이며, 《거장과 마르가리타》도 마찬가지죠. 여러분의 영혼이 아직 살아 있다면, 그것을 직접 경험하게 될 겁니다.

푸시킨은 미샤와 그의 친구들에게 위대한 영웅이자 진정한 예술가가 되어야 한다는 권위 있는 사례입니다. 정말이에요. 그들 모두 마음속에 새긴 푸시킨의 이 시에 투영된 자신을 본답니다.

예언자

영혼의 샘을 열망하다
사막의 모래 속 헤맬 때……
여섯 날개 천사
길들이 마주치는 교차로에서 내 앞에 나타났다.
빛나는 가냘픈 손가락으로
꿈결인 듯 내 눈을 만지자
깜짝 놀란 독수리의 눈처럼.

예언의 눈이 번쩍 뜨인다.

그가 내 귀를 만지자

소리와 울림이 요동친다.

하늘이 진동하는 소리를 들었고,

천사들 높은 곳으로 날갯짓하는 소리

심해에 울렁이는 동물들,

먼 계곡에서 넝쿨이 나무를 타는 소리.

그분이 몸을 숙여 내 입에서,

게으름으로 녹슬고 거짓으로 가득한,

죄악에 찬 내 혀를 뽑아버리고,

썩어가는 내 입에

피 묻은 손으로

명석한 뱀의 혀를 넣어 주었다.

그는 서늘한 칼로 내 가슴을 가르고,

쿵쿵거리는 내 심장을 도려내어,

불타오르는 석탄을,

벌어진 내 가슴에 집어넣었다.

죽은 듯 사막에 쓰러져 있을 때,

하느님의 음성이 들렸다.

'일어나라, 예언자여, 보아라, 들어라

내 뜻을 네 가슴에 채우고,

바다와 온 땅을 두루 다니며,

너의 말로 사람들의 가슴을 불타오르게 하라.'

그들 모두 종교적 본능인 소명에 대한 인식은 있었습니다. 미샤는 가난한 마을의 사제였던 아버지 아파나시 이바노비치 불가코프로부터 그것을 물려받았어요. 그의 아버지는 키예프 신학 대학에서 교회사와 종교학 교수로 성공한 인물입니다. 여러 언어를 구사했으며, 박식하고, 재능 있는 사람이었어요. 그는 모든 개인이 도덕적 원칙을 자신의 것으로 만들어야 한다고 확신했고, 유물론적 세계관에 의해 압도될 위험에 처한 사회에 전통적인 기독교 가치가 댐의 역할을 하는 것이 필요하다고 여겼음에도 불구하고, 자신의 신념과 자녀 양육에 있어 교리주의자는 아니었습니다. 미샤의 아버지가 쓴 책 중 하나에 이런 구절이 있습니다.

다섯 살짜리 아이가 기초적인 과학 지식을 터득하기에는 많이 미숙할 수 있지만, 예의범절과 선과 악을 분별하는 직관, 선에 대한 사랑과 악에 대한 혐오를 키우는 데 있어서는 미숙하지 않다.

미샤는 9살이 되어 키예프의 초등학교에 입학할 때까지 학교에 가지 않았고, 유년기에는 집에서 아버지로부터 가르침을 받았습니다. 허무주의 바이러스에 대한 면역성을 갖고 자란 것이죠.

고작 48세였던 그의 아버지는 미샤가 16세였을 때 세상을 떠났어요. 이후 그의 어머니는 아버지와는 삶에 대한 견해가 매우 달랐던 의사인 이반 파블로비치 보스크게센스키와 결혼했습니다. 그는 무신론자였으며, 니체 작품의 신봉자였고, 다윈의 추종자였어요. 미샤는 사려 깊은 사람, 강한 도덕적 원칙, 선에 대한 사랑과 악에 대한 혐오를 지닌 성실한 사람이 되기 위해서 종교적이거나 신자일 필요가 없다는 걸 보여 준 그에게 감사해야 합니다. 미샤 역시 니체와 다윈의 열렬한 독자가 되었고, 어머니에게는 실망스럽지만, 그는 교회를 떠났습니다. 그는 학교에서 자신이 세상을 묘사하는 능력을 발견했고, 문학과 오페라, 연극에 대한 불치의 사랑을 키울 수 있었습니다. 그러나 양아버지와 어머니의 두 형제처럼 의학을 공부하기로 했어요. 미샤는 그 결정을 내릴 때도 자신은 작가라는 걸 알았지만, 생계가 보장되는 것이 더 나은 선택 같았죠. 그는 마음이 아니라 판단을 따랐어요. "전설의 시대가 끝나고 갑자기 역사가 시작될 때까지."라는 그의 표현이 나오기까지요.

제1차 세계대전이 발발했고, 이어서 볼셰비키 혁명이 일어났으며, 트로츠키의 붉은 군단과 백군의 내전이 일어났고, 1919년 독일군이 철수하면서 파시스트들이 짧은 기간 정권을 잡았습니다. 미샤는 처음에는 적십자의 의사로, 그다음에는 백군 의사로 모든 걸 경험했어요. 그리고 한탄했죠. 모든 공포, 희생자, 무정부 상태, 사람들의 짐승 같은 행동, 파괴를 한탄했습니다. 부모님이 자신을 키웠던 문화와 문명이 파괴되는 모습을 눈앞에서 보며 한탄했어요. 자신의 무력함에 한탄했습니다. 그는 키예프에서 한 유대인 남자가 파시스트 집단에 의해 구타당하고, 죽임을 당하는 모습을 처음으로 목격한 것을 평생 잊지 못했을 겁니다. 그는 그걸 보면서도 아무것도 하지 않았어요. 피해자가 될까 두려웠던 자신의 비겁함을 평생 용서하지 못했습니다. 그가 결코 잊지 못할 또 다른 일은 다른 이를 수술하기 위해 의사인 자신이 입은 상처의 고통을 없애려고 자신에게 모르핀을 투여했던 해입니다.

"불타오르는 석탄을 / 벌어진 내 가슴에 집어넣었다. / 죽은 듯 사막에 쓰러져 있을 때"

인생에 닥친 사고나 비극의 중력에 짓눌려진다고 느낄 때면, 어디를 보더라도 인생의 의미에 대한 질문이 우리를 빤히 쳐다보고 있습니다. 더 이상 벗어날 수 없어요. 그것을 볼 수 있다고 생각하면, 존재의 의미와 목적이 무엇인지 알 수 있고, 그 순간에는 너무 멀고, 닿을 수 없을 것 같거나, 뭐 그렇게 생각할 테죠. 하지만 마치 어디선가 보이지 않게 말하는 목소리가 들리는 듯합니다.

"이제 된 건가요? 여러분의 인생에 이것이 전부예요? 이대로 끝내야 하는 걸까요? 아니요? 그럼 일어나서 걸어 봅시다! 인생을 바꿉시다!"

미샤는 작가가 되려면, 스스로에게 진실하려면, 엄청난 의지력이 필요하다는 걸 알고 있었습니다. 그러는 데 성공했지만, 거기에는 금

단 증세에 시달렸던 그의 곁을 줄곧 지킨 첫 아내의 사랑이 한몫했어요. 그는 일어나 걸음을 내디뎠습니다! 작가가 되었고, 볼셰비키 정권이 이 나라를 하나의 거대한 감옥으로 만들기 전에 파리로 도망쳤던 형제들처럼 도망칠 수 없다는 운명을 받아들였어요.

그는 조국에서 망명한 작가가 되었는데, 단 한 편의 희곡만이 청교도와 평민이 부과한 규칙인 스탈린의 검열을 통과했거든요. 그는 삶의 안정을 영원히 잃었지만, 마음 깊은 곳에서 오래전 돌아가신 아버지의 보호를 받고 있다는 걸 알았기 때문에 새로운 내적 안정과 자신감을 얻었습니다.

어린 미샤에게 아버지는 커다란 검은 수염에 작은 안경을 쓴 남자의 모습으로, 저녁이면 책이 가득한 서재에서 책상에 앉아 밤이 늦을 때까지 녹색의 스탠드 불빛 옆에서 글을 읽고, 쓰던 사람이었습니다. 그 이미지를 생각하며, 미샤는 자신의 인생 과제를 깨닫게 한 괴테의《파우스트》속 인용문을 적었습니다.

선조로부터 물려받은 것을 가져다가
자신의 것으로 만들기 위해 노력하라.

그가 장남만큼 어렸을 때 아버지가 물려준 것은 도덕적이고 정신적인 가치, 문화와 문명의 형태로, 이제는 미하일 아파나세예비치 불가코프가 받은 그 재능을 물려줄 차례였습니다. 그것을 염두에

두고 그는 이렇게 썼어요.

"나의 첫 소설인《백위군》을 어머니의 모습에서 영감을 받았듯이, 이 작품은 아버지의 모습에서 영감을 받았다."

그 책은《거장과 마르가리타》가 되었고, 아버지의 가르침에 충실하게 미샤는 자신이 받은 것을 다른 사람들에게 전하고 싶었고,《파우스트》이야기 전통을 따랐습니다.

파스테르나크가 그의 의견으로는 모든 위대하고, 진정한 예술은《요한계시록》과 그에 대한 역작인 듯하다고 말했을 때, 미샤는 아무 말도 하지 않았지만, 즐거운 표정을 했어요. 파스테르나크는 그것을 알지 못했어도,《거장과 마르가리타》는 아버지의 아들이었던 미샤가 평생 매료되었던 성경의 마지막 책을 현대적으로 재창조한 뛰어난 환기였죠.

《묵시록 혹은 요한계시록》은 망명 중인 한 작가의 작품으로, 이 책은 특히 두루마리의 일곱 개의 봉인이 떨어질 때 계시되는 환상과 예언으로 가득 찬 작품입니다. 그리고 온 세상에 죽음과 파괴, 기근, 전염병을 가져올 4기사가 올 것이라는 예언과 낡은 세상의 종말을 예고하는 지진 이야기가 있어요. 성 요한은 악마의 출현과 강력한 도시인 바빌론의 몰락, 그리고 숫자 666이라는 이름으로 통치하는 괴물 같은 짐승의 추종자들을 묘사합니다. 그가 이야기를 전하고자 한 독자들은 바빌론은 네로가 잔인하게 그리스도인들을 박해한 로마를 상징한다는 걸 압니다. 그는 결백하고, 의로운 사람들을 위로하고, 격려하고자 해요. 이 잔인하도록 세속적인 죽음의 세력이 무너진 후, 더 이상의 슬픔과 고난이 사라지며, 모든 게 새로워지는 마지막 시기가 올 것이라고 예언합니다. 그곳은 일 년 중 열두 달을 생명의 나무가 열매를 맺는 새로운 예루살렘일 것입니다.

이제 《거장과 마르가리타》를 살펴보죠. 《요한계시록》의 저자처럼 그 역시 포로 생활을 하고 있어요. 바빌론은 이제 모스크바로, 첫 번째 차르인 이반 4세 시대인 16세기부터 스스로를 제3의 로마로 여겼던 도시로, 고대 로마가 멸망하고, 튀르키예인에 의해 콘스탄티노플이 정복된 후 새로운 세계의 강국이 됐어요. 이 도시의 청교도들과 평민들은 현재 통치하고 있는 짐승, 스탈린이라 불리는 새로운 네로의 추종자들이죠. 악마와 그의 세 심복은 그 도시에서 활발히 활동하다가 이야기의 마지막에는 4기사가 되어 떠납니다. 이 소설에서 두루마리는 거장이 집필하고 있는 책, 의로운 자에게 위로와 격려를 건네는 책이에요. 모든 것이 새로워질 것이고, 이 글은 새로운 창조를 만들어 낼 겁니다.

《거장과 마르가리타》의 저자인 그의 뮤즈로서, 이 책의 일곱 개의 봉인을 떼어 그 안에 무엇이 드러나 있는지 여러분에게 보여 드릴게요.

■ 첫 번째 봉인. 나사렛 예수는 실제로 존재했고, 악마 역시 그렇다.

이런 계시로 이야기는 시작된다.

젊은 시인이었던 이반은 저널에 실을 이야기로, 청교도들의 새로운 무신론적 정치적 가르침에 따라 예루살렘의 기적을 행하는 자로 추정되는 사람을 가능한 한 터무니없게 보이도록 쓰라는 의뢰를 받았습니다. 시인은 공원 벤치에서 프롤레타리아 작가 연합에서 중요한 위치에 있는 저널의 편집자를 만났습니다.

편집자는 젊은 작가에게 말했어요.

"아쉽지만 당신의 글을 있는 그대로 출판할 수 없겠군요. 예수의 모습을 아주 터무니없게 그린 건 정말 잘했지만, 너무 생생하게 묘사하는 바람에 많은 독자들이 이 상상의 산물이 실제로 존재했다고 생각할 위험이 있겠어요. 우리는 그렇게 못 갑니다. 그런 위험을 감수할 수 없어요."

그는 자신의 학식에 대해 꽤나 자부심을 갖고 하느님의 존재에 대한 모든 증거가 잘못됐다는 장황한 설명을 시작했습니다. 또한 역사 기록학 분야에서 로마 역사가 푸블리우스 코르넬리우스 타키투스가 《연대기》의 15권 44장에서 예루살렘에서의 예수의 처형에 대해 기록한 내용은 나중에 삽입된 것으로, 위조일 뿐이라고요.

조금 전에 그들 맞은편 벤치에 앉아 있던 지저분한 회색 양복을 입은 비상한 신사가 초대받지 않은 대화에 끼어들었습니다. 그는 자신을 흑마술 전문가인 볼란드 교수라고 소개하며, 임마누엘 칸트와 함께 아침 식사 테이블에 앉아 그 유명한 철학자와 신이 존재한다는 증명의 무효성에 대해 토론한 이야기를 하며, 아주 독창적인 논설을 펼치기 시작했어요. 그는 아무렇지 않게 편집자가 오늘 저녁에 전차 사고로 목이 잘릴 것이라고 했고요. 편집자는 말도 안 된다며, 오늘 저녁에 회의를 주관하니 그건 불가능하다고 했지만, 그 낯선 이는 대답하지 않았습니다. 대신에 그는 두 신사에게 "예수님은 실제로 존재하셨고, 그것으로 이야기는 끝입니다."라고 단호하게 말했죠.

그리고 새로운 장이 시작되어, 고대 유대 총독 본디오 빌라도와 갈릴리 죄수인 아람어로 나사렛 예수를 뜻하는 이름인 예슈아 하노스토리 사이의 만남 이야기가 소개됩니다. 거장답게 이야기를 풀어나가는 게, 독자가 역사적 진실을 의심하는 게 불가능할 정도입니다. 이 예슈아가 십자가에 못 박힐 것이 분명해질 때 이야기는 중단되고, 우리는 모스크바에 있는 공원으로 돌아옵니다. 그곳에서 볼란드 교수는 두 무신론자에게 나사렛 예수의 존재를 의심할 이유가 전혀 없다고 합니다. 왜냐하면 빌라도가 예루살렘에서 예슈아를 심문할 때, 그가 직접 그곳에 있었기 때문이죠.

그러자 시인과 편집자는 자신들이 미친 사람을 상대하고 있다고 확신했습니다.

"방금 말한 것과 관련해서, 악마도 없는 존재라는 겁니까?"

확실히 정신에 이상이 있는 듯한 남자가 학식 있는 두 신사에게 물었습니다.

"당연히 없죠!" 성난 듯한 대답이었습니다. 신이 존재하지 않으니, 악마도 존재하지 않겠죠.

"어찌 됐든 악마가 존재한다는 걸 믿으시오! 그 이상은 묻지 않겠습니다."

흑마법 교수는 공원을 나서기 전에 다급하게 부탁했습니다.

그날 저녁에 편집자는 전차 사고로 머리가 잘렸고, 몇 주 후에 모스크바 전체는 설명할 수 없는, 무시무시하고 공포스러운 볼란드와 어둠의 공모자 세 명의 흑마술에 사로잡혔습니다. 작가 협회 회원들과 연극인들이 그 범죄의 최대 피해자였죠.

이것은 악마가 어떻게 새로운 바빌론에 나타나는지에 대해 간략히 요약할 것일 뿐이에요. 이 책과 신약성서 《요한계시록》 사이의 중요한 차이점은 볼란드가 구약성서에서는 악마라는 점이죠. 그는 악한 힘이 아니라 고발자, 폭로자, 복수자, 나쁜 이들을 박해하는 자입니다. 이 악은 하늘과 전능하신 하느님 앞에 복종하며, 그분을 대신해 행동하기까지 합니다. 이는 욥기에서 찾아볼 수 있는 내용이며, 이사야 45장 5절에서 7절에서는 이런 내용이 있어요.

나는 여호와라, 나 외에 다른 이가 없나니

나밖에 신이 없느니라

너는 나를 알지 못하였을지라도

나는 네 띠를 동일 것이요

해 뜨는 곳에서든지

지는 곳에서든지

나밖에 다른 이가 없는 줄을 무리로 알게 하리라

나는 여호와라, 다른 이가 없느니라

나는 빛도 짓고 어두움도 창조하며

나는 평안도 짓고 환난도 창조하나니

나는 여호와라, 이 모든 일을 행하는 자니라 하였노라

그러니 이 책의 첫 번째 장 위에 나오는 괴테의 《파우스트》에서 인용한 글도 마찬가지입니다.

"좋네, 그럼 도대체 당신은 누구인가?"

"저는 항상 악을 원하지만

언제나 선을 행하는

힘의 일부입니다."

볼란드는 자신의 흑마법으로 거장의 삶을 지옥으로 만든 청교도와 평민들의 사악함, 부정직함, 위선을 폭로하고, 처벌합니다. 그에게는 예수의 고난을 삶에 진실되게 전달하는 대담함이 있었으니까요. 그리고 볼란드는 자비가 없고요. "그러려면 다른 영역이 필요합니다." 그는 어느 순간 무표정하게 말했습니다. 그럼에도 불구하고 바로 그 볼란드는 책의 끝 부분에서 마르가리타에게 "모든 것이 올바르게 될 것입니다. 세상은 바로 그 위에 세워졌죠"라며 보장했어요. 이는 창세기의 창조 이야기를 참조한 것이죠. "하느님이 그 지으신 모든 것 보시니, 보시기에 심히 좋았더라."

미샤는 그의 아버지가 어릴 적에 가르친 것을 잊지 않았어요. 모든 사람이 존엄하게 살아갈 수 있는 세상의 토대는 이데올로기나 돈, 기술이 아니라, 형이상학적 도덕성과 정신적 가치의 초석 위에 세워지는 것이라고요.

■ 두 번째 봉인. 진리는 모든 세속적 권력을 능가한다.

소설은 서로 자연스레 흘러가는 두 이야기를 담고 있습니다. 첫 번째는 모스크바에서 일어난 사건과 볼란드와 공모자들이 행한 흑마법의 결과에 대한 것이에요. 두 번째 이야기는 네 개의 장으로 구성되어 예수의 재판과 십자가형을 재현한 것이고요. 청교도와 평민이 이 책의 출판을 금지했는데요. 사실처럼 너무나 생생한 그의 이야기가 권력의 이데올로기에 어긋났거든요.

권력과 진리의 상충은 빌라도와 예슈아의 대결에서도 핵심입니다. 거장은 이렇게 말해요.

그 죄수에 대한 혐의는 그가 성전을 파괴하려고 했다는 것입니다. 다음과 같이 설명하며 자신을 변호하죠.

"나는 옛 신앙의 성전이 무너지고, 새로운 진리의 성전이 일어날 것이라고 말했습니다. 이해하기 쉽도록 이렇게 말한 것이죠."

지독한 두통에 시달리던 빌라도가 물었어요.

"무엇이 진실인가?"

"우선은 머리가 너무 아파서 비겁하게 죽음을 떠올리고 있다는 게 진실이겠지요."

선한 죄수가 답했습니다. 그리고 이렇게 덧붙였어요.

"그렇지만 당신의 고통은 곧 지나갈 것입니다."

볼란드처럼 예슈아에게도 마법의 재능이 있다는 게 밝혀졌습니다. 그의 예언이 정확했다는 것이 증명되어 빌라도는 크게 안도했죠. 종일 그를 괴롭히던 두통이 사라졌으니까요.

거장이 이를 통해 보여 주려고 한 것은 말이 상처받은 영혼을 치료할 수 있으며, 진실에는 치유의 힘이 있다는 것입니다. 그것은 경험적, 수학적, 논리학적 진리가 아니라 형이상학적인 진리인 것이죠.

빌라도는 자신 앞의 다정하지만, 이상한 철학자를 의사라고 생각하고 보내주려고 하지만, 예슈아는 계속 이렇게 주장했습니다.

"인간이 진리와 정의의 나라에 들어갈 터인데, 거기에는 권위가 필요 없습니다."

이런 무례한 발언은 티베리우스 황제의 권위를 훼손하는 것입니다. 로마 정치 권력의 고위 대표자인 빌라도는 그런 반역을 받아들일 수 없었고요. 그렇게 나사렛 예수라고도 알려진 예슈아 하노스트리는 죽을 때까지 십자가에 못 박혀 처형당하는 형벌을 받았습니다.

거장의 운명은 그의 이야기 속 영웅의 운명과 크게 다르지 않습니다. 박해에 대한 응답으로 그의 책을 불타는 난로에 던져 없애기로 한 거죠. 두려움에 사로잡힌 그는 결국 폐쇄된 정신병원에 갇혔어요.

그러나 그의 책은 살아남았습니다. 그는 "원고는 타지 않는다."라는 말과 함께 볼란드로부터 책을 돌려받았습니다. 영구적인 예술의 말은 영원합니다. 결국 그 말들은 아름답고, 선한 모든 것을 파괴하려는 정치적 세력으로부터 살아남죠. 그러므로 모든 도덕적, 정신적 가치가 표현되는 형이상학적인 진리는 모든 세속적 힘을 초월합니다.

■ 세 번째 봉인. 비겁함은 가장 큰 죄악이다.

이번 계시는 두려움 때문에 파시스트에 의해 살해된 유대인 남자를 보호할 수 없었던 미샤의 비겁함, 그의 삶을 크게 위협하던 청교도와 평민들로 인해 그들에게 진실을 말할 수 없었던 미샤의 두려움에 대한 고백입니다. 그는 이런 비겁함을 말하면서 박해자들에 대한 두려움 때문에, 거장이 예슈아와 빌라도에 관한 진짜 같은 이야기를 난로에 태워 버리도록 한 것은, 그 이야기를 끝낼 용기가 없었기 때문입니다. 빌라도의 비겁함은 로마의 티베리우스 황제와 범죄자이면서 선동자인 바라바를 예슈아 대신 석방해야 한다는 그들의 의견을 존중하지 않으면, 바리새인들이 자신을 황제에게 고발할 것이라는 두려움 때문입니다. 빌라도는 예슈아에게는 죄가 없고, 누구에게도 해를 끼치지 않았음을 알고 있으면서도 그에게 십자가형을 선고했죠.

그래서 거장의 책 속 예슈아가 십자가 위에서 한 마지막 말은 다음과 같은 겁니다.

"비겁함은 가장 큰 죄악입니다."

■ 네 번째 봉인. 연민은 최고의 미덕이다.

4복음서의 예수 수난 이야기와는 달리, 거장이 쓴 글에서는 '하느님의 아들', '메시아', '그리스도'와 같은 용어가 등장하지 않습니다. 이것은 나사렛 사람의 이야기로, 십자가 위 그의 죽음으로 끝나죠. 부활에 관한 내용은 없어요. 적어도 직접적으로는요. 《요한계시록》이 구약성서를 수없이 언급했듯이, 《거장과 마르가리타》도 괴테의 《파우스트》에 대한 언급으로 가득합니다. 폴란드와 메피스토펠레스, 마르가리타와 마르가레테의 유사점은 두 이야기 모두 악마가 만든 걸림돌이 등장한다는 사실로, 마지막에는 성령의 권능이 나오죠. 그러나 거장의 이야기는 예슈아의 죽음으로 끝났지만, 괴테는 부활절의 종소리와 함께 "그리스도가 부활하셨다!"를 노래하는 천사들의 합창으로 《파우스트》를 시작합니다. 그의 죽음 이후, 거장과 마르가리타는 거장의 책을 읽은 예수를 경험하는데, 그는 보이지 않지만, 현존하는 신성한 힘이었죠.

죽음 이후에도 삶이 있지만, 그보다 더 중요한 것은 죽음 이전의 삶입니다. 그것이 진정한 구원이에요. 그것은 연민, 공감, 용서, 그리고 다시 생명력을 주는 능력의 결실입니다. 바로 예슈아가 그의 생애 동안 행한 일이죠. 어떻게 마르가리타가…….

그렇지만 글을 쓰는 게 저한테 이렇게 어려운 것은 저 자신과 미샤에 대한 제 사랑에 관한 것이라서 그런 것이며, 그는 마르가리타와 거장의 사랑을 무척이나 아름답게 묘사했어요. 제가 그를 무척이나 사랑했기 때문에 당연한 것이지만, 그에 대한 제 사랑과 연민을 통해 미샤는 불안에서 벗어나 소설을 완성할 힘을 다시 찾은 것이죠. 《거장과 마르가리타》에 묘사된 것과 똑같아요. 마르가리타는 강간으로 갖게 된 아기를 죽인 젊은 여성을 고통에서 해방시켜 줍니다. 그 사건은 오로지 그의 상상력에서 영감을 받은 것이지만, 연민은 예수의 고난 이야기의 진정한 비밀이며, 구원의 비밀이라는 것을 미샤가 깊이 확신하며 표현한 것이죠. 그리고 모든 인간은 연민이라는 능력을 자신의 것으로 만들 수 있습니다. 인류의 구원을 보세요.

■ 다섯 번째 봉인. 아버지와 어머니를 공경하라.

거장의 이야기에서 마태 레비는 내내 예슈아를 따라다녔는데, 그의 제자가 되고 싶어 하며, 펜과 양피지를 들고 다니면서 예슈아가 말하는 걸 재빨리 받아적는 한때 세금 징수관이었던 사람입니다.

예슈아에게는 당황스럽게도, 그가 한 번도 주장하지 않은 것을 레비가 모두 적어 놓았어요. 그러나 군인들이 골고다를 떠날 때 예슈아의 시체를 십자가에서 내려 무덤에 묻은 이가 누구입니까? 그의 충실한 제자인 마태 레비였어요.

이야기의 끝에, 거장과 마르가리타에게 닥칠 운명을 볼란드에게 알리기 위해서 마태 레비를 그에게 보낸 것은 신성한 예수님이십니다. 모스크바에 등장한 마태 레비는 말수가 적은 사람으로, 혐오감을 숨기지 않고, 볼란드를 '악마의 영혼이자 어둠의 지배자'라고 부릅니다. 래비는 크고, 검은 수염이 있는 미샤 아버지의 모습이죠!

이것은 그에게 책을 쓰도록 영감을 불러일으키고, 기독교적 가르침을 물려준 아버지에 대한 존경의 표시입니다. 이미 첫 번째 소설인 《백위군》에서 그의 어머니를 불멸의 존재로 만든 적이 있듯이.

■ 여섯 번째 봉인. 예술가는 예언자다.

"모든 위대하고, 진정한 예술은 《요한계시록》을 닮으며, 그것으로부터 이어지는 것이다."라고 파스테르나크가 썼으며, 《거장과 마르가리타》는 그것을 최고로 잘 보여 줍니다. 미샤가 자신의 소설을 신약성서의 예언서와 얼마나 동일시하는지는, 결말이 그것의 14장 13절의 묘사라는 점에서 분명해지죠.

주 안에서 죽는 자들은 복이 있도다 하시매. 성령이 이르시되, 그러하다, 그들이 수고를 그치고 쉬리니 이는 그들이 행한 일이 따름이라 하시더라.

마태 레비가 볼란드에게 전한 메시지는 무엇일까요? 예수님은 그들을 쉬게 하려고 함께 데려가라고 말씀하십니다! 그렇게 거장과 마르가리타는 생을 마감하고, 별이 있는 이 세상 너머의 곳으로 떠나죠. 그러는 동안 그들은 제3의 로마이자 새로운 바빌론인 모스크바를 지켜봅니다. 그들이 멀리서 바라보는 새로운 예루살렘은 그들을 위한 도시가 아닙니다. 거장과 마르가리타를 기다리는 집은 조용하고, 평화로우며, 무성한 벚나무로 둘러싸여 있는, 저녁에는 슈베르트의 음악이 들리는 곳이죠. 가장 중요한 것은 그가 그의 뮤즈와 영원히 함께하며 계속해서 글을 쓸 수 있는 집이라는 점이에요. "당신은 지혜를 말할 거야.", 마르가리타는 알고 있었어요.

윤리. 그 한 단어에 그의 아버지와 의붓아버지가 미샤에게 가르친 모든 것이 담겨 있습니다. 윤리는 푸시킨의 시 《예언자》에서 묘사된 것입니다. 언제나 진리에 충실하고, 작품을 어두운 세상의 별이 되게 하겠다는 작가의 윤리죠. 달과 태양의 끝없는 공전을 통해,

시대의 변화를 통해, 진리를 아는 것은 하나의 새로운 계시, 회복을 필요로 합니다. 마치 《거장과 마르가리타》가 계시이고, 다섯 번째 복음서의 본문인 것처럼 말이에요. 예술가는 예언자입니다.

■ 일곱 번째 봉인. 삶은 헤아릴 수 없는 신비.

추방당한 《요한계시록》의 저자인 성 요한은 일곱 번째 봉인을 떼는 것을 8장 1절에서 이렇게 묘사합니다.

일곱 번째 인을 떼실 때에 하늘이 반 시간쯤 고요하더니.

그러므로 여기에서처럼 천국에서도 침묵할 수 있으며, 우리는 중대한 질문에 대한 답을 얻을 수 없을 것입니다. 왜 스탈린 같은 새로운 짐승이 등장할까요? 왜 청교도와 평민의 악인가요? 전쟁은 왜 일어나죠? 왜 치명적인 바이러스가 등장할까요? 왜 이런 폭력과 비극, 고통이 일어나나요? 왜 나는 다정하고, 아름다운 미샤를 이렇게 빨리 잃어야 하는 것이고요? 그는 고작 49세입니다. 그런데 왜 그분의 은혜가 내 삶에 오시는 걸까요?

인생은 별을 바라보며 말문이 막히게 하는, 헤아릴 수 없는 신비다.

* * *

그녀는 꿈에서 깼다. 옐레나가 깨어났다. 죽어가는 작가는 눈을 감고 있지만, 여전히 숨을 쉬고 있다. 그녀는 창문을 통해 이른 새벽의 하얀 가장자리를 보았고, 그 위로 밤의 가장자리에서 고집스럽게 반짝이는 별 두 개를 보았다. 그것들이 목성과 금성임을 그녀는 안다. 일어나서 빨래를 하고, 빠르게 깨끗한 옷으로 입는다. 그녀의 머릿속에는 꿈의 마지막 단편이 흐르고, 미샤가 그의 어머니에게서 영감을 받아 쓴 소설인 《백위군》의 마지막 대사가 떠오른다.

모든 것은 사라진다. 괴로움도, 아픔도, 피도, 굶주림도, 역병도, 전쟁도 마찬가지다. 그러나 별들만은 우리의 존재와 행위의 그림자들이 지상에서 사라진 뒤에도 여전히 남아 있을 것이다. 세상에 그것을 모르는 이는 없다. 그런데 왜 우리는 고개를 들어 별을 보려 하지 않는가? 왜?

2020년의 부활절

Becoming Human Is an Art

출처

Rob Riemen, Becoming Human Is an Art, sources of existing translations

Prelude:

- Ovid, 'To Perilla', trans. A.S. Kline, copyright 2003, via Poetry in Translation
- Dante, 'Inferno', trans. A. S. Kline, copyright 2000, via Poetry in Translation
- Pascal's Pensées, trans. W.F. Trotter, Dutton & Co., New York, 1958, Section II, p. 17

First Étude:

- Nietzsche, Untimely Meditations, trans. R.J. Hollingdale, Cambridge University Press 1997, p. 148, p. 131, p. 133 & p. 129 (4 quotes).
- Sonnet by Francisco de Quevedo beginning 'Retirado en la paz de estos desiertos' /'Withdrawn to this solitary place' translated by Christopher Johnson, from Selected Poetry of Francisco de Quevedo(University of Chicago Press, 2009).

Second Étude:

- Stefan Zweig, The World of Yesterday, (Die Welt von Gestern), trans. Anthea Bell, Pushkin Press 2009
- Sigmund Freud, A General Introduction to Psychoanalysis. trans. G. Stanley Hall, New York, Boni and Liveright, 1920
- Max Weber, The Vocation Lectures, eds. David Owen and Tracy B. Strong, trans. Rodney Livingstone, Hackett, 2004
- Thomas Mann, The Magic Mountain, trans. John E. Woods, Vintage, 1996
- Thomas Mann's "Goethe and Tolstoy": Notes and Sources, ed. Clayton Koelb, trans. Alcyone Scott and Clayton Koelb, University of Alabama Press, 1984
- Thomas Mann, Essays of Three Decades, trans. H.T. Lowe-Porter, NY, Knopf, 1971
- An Exceptional Friendship. The Correspondence of Thomas Mann and Erich Kahler, Cornell University Press 1975, trans. Richard Winston, Clara Winston
- Robert Musil, Precision and Soul. Essays and Addresses, ed. and trans. Burton Pike and David S. Luft, University of Chicago Press, 1978

- Christopher Barnes, Boris Pasternak. A Literary Biography, vol. 2, 1928-1960, Cambridge UP, 1998
- Rilke, trans. by A. S. Kline, made available 2004, via Poetry in Translation
- Marcus Aurelius, updated version of translation by George Long, Dover Thrift editions
- The Collected Works of Eric Voegelin, Volume 31: Hitler and the Germans, eds. Detlev Clemens and Brendan Purcell, University of Missouri Press
- Eric Voegelin, Autobiographical Reflections (CW34): Revised Edition, with a Voegelin -Glossary and Cumulative Index by Eric Voegelin, ed. Ellis Sandoz
- Dante, The Divine Comedy, trans. J.G. Nichols, Alma Classics, Canto I, 90
- Nietzsche, Untimely Meditations, trans. R.J. Hollingdale, Cambridge UP, 1997
- Bonhoeffer quote is taken from Lars Fr. H. Svendsen, A Philosophy of Evil, Dalkey Archive, 2010
- Schiller, On the Aesthetic Education of Man, trans. Reginald Snell, NY, Dover Publications, 2004
- Pascal quote is taken from Paul North, The Problem of Distraction, Stanford UP, 2012
- Poem by Paul Valéry is from Treasures of the New York Public Library, St. Martin's, 2021
- Karl Kraus poem translated by Jonathan Franzen, with help from Damion Searls and Johnathan Galassi, in The Kraus Project, FSG, 2013

Third Étude:

- Emile Zola, 'In Defence of the Jews', translated by Jack Dixon, New English Review, Nov. 2006

Fourth Étude:

- Olga Freidenberg as quoted in John Leonard, 'Books of the Times', New York Times, 23 June 1982
- Boris Pasternak, Doctor Zhivago, trans. Manya Harari and Max Hayward, Everyman's Library, 1991.

인간이 되는 기술 Becoming Human Is an Art

초판 1쇄 2024년 8월 5일

지은이 롭 리멘 ROB RIEMEN
옮긴이 김현지

펴낸이 김채민
펴낸곳 힘찬북스

출판등록 제410-2017-000143호
주소 서울특별시 마포구 망원로 94, 301호
전화 02-2272-2554
팩스 02-2272-2555
이메일 hcbooks17@naver.com

ISBN 979-11-90227-46-9 03160

* 파본은 본사나 구입하신 서점에서 교환하여 드립니다.

이미지 출처 Pixabay